우주의 역사
최대한 쉽게 설명해 드립니다

경이롭고 가슴 벅찬 우주와 인간의 이야기

우주의 역사, 최대한 쉽게 설명해 드립니다

초판 1쇄   찍은 날 2021년 7월 12일
초판 1쇄   펴낸 날 2021년 7월 19일

지은이   박재용

발행인   육혜원
발행처   이화북스
등 록   2017년 12월 26일(제2020-000-138호)
주 소   서울특별시 마포구 월드컵북로 400 서울산업진흥원 5층 15호
전화   02-2691-3864
팩스   031-946-1225
전자우편   ewhabooks@naver.com

편집   함소연
디자인   책은우주다
마케팅   임동건

ISBN   979-11-90626-14-9 (04300)

경이롭고 가슴 벅찬 우주와 인간의 이야기

우주의 역사

최대한 쉽게 설명해 드립니다

박재용 지음

이화북스

인간중심주의에서 벗어나
우주와 지구를 바라보다

빅 히스토리Big History를 처음 접한 것은 대략 10년 전인 듯합니다. 우주의 시작에서부터 현재 인간의 삶에 이르기까지 거대한 역사를 통틀어 빅 히스토리라고 부릅니다. 우주 전체를 관통하는 역사라니, 정말 매력 있는 주제라 아니할 수 없습니다. 이건 스케일이 커도 보통 큰 게 아니니까요. 모든 사람들이라고는 할 수 없지만 과학이나 인간 사회 또는 역사에 대해 관심을 가진 이들이라면 푹 빠질 수밖에 없는 주제입니다. 그중에서도 특히 과학 분야의 많은 사람들이 빅 히스토리를 접하고, 책으로 강연으로 독자와 청중들에게 전파하는 일을 계속하고 있습니다.

저도 몇 권의 책으로 빅 히스토리를 접하면서 한편으로 많이 배우고 깨달은 점도 많았지만 나름의 목마름이 있었습니다. 사실 빅 히스토리는 다양한 학문 분야와 관련이 있습니다. 일단 우주의 역사에 대해 이야기하려면 천문학과 물리학 그리고 화학이 필수입니다. 지구의 역사와 관련해서는 지질학과 고지질학, 해양학, 기상학 등이 요구되죠. 생명의 역사와 관련해서는 생물학, 그중에서도 고생물학, 화석학, 분자생물학, 진화학, 유전학이 필요합니다. 인류의 역사와 관련해서는 당연히 역사학 그리고 경제학, 사회학 등이 요구됩니다.

따라서 한 사람의 노력으로 이 모든 학문 분야를 아우르는 책을 쓰기란 쉬운 일이 아닙니다. 그렇다고 각 분야에 정통한 전문가들이 각기 자기 영역만을 다룬 책에서는 전체를 관통하는 무언가가 빠진 듯한 느낌이 들기도 합니다. 지금 여러분이 손에 쥐고 있는 이 책은 짧지 않은 시간 동안 부족하나마 빅 히스토리와 관련된 다양한 학문 분야에 대해 공부하고 나름의 통일된 메시지를 전달하고자 노력한 저의 작은 결실입니다.

이제 또 하나의 빅 히스토리가 한 권의 책으로 여러분께 다가갑니다. 저는 이 책을 통해 우리 인류가 인간중심주의에서 벗어나 객관적으로 인간을 바라보는 눈을 가지게 되길 내심 기대하고 있습니다. 광활한 우주에서 바라보면 우리 인간은 아주 작은 변방의 한 점일 뿐인 지구에, 그것도 137억 년의 역사 중 0.0001%도 되지 않는 기간 동안 문명을 일군 지성체일 뿐입니다. 하지만 그 점 안에서 우리는 새로운 세계를 이루고 있습니다. 조금은 거창하지만 우리 인류는 우주 안에서 스스로의 존재를 객관적으로 깨달은 유일한 존재입니다. 물론 우리 인간은 짧은 시간 동안 지구상에서 수많은 문제를 야기했고 지금도 다양한 문젯거리들을 만들어 내고 있지만, 또 그 문제들을 해결할 수 있는 힘을 가진 유일한 존재로서 자존심이 아닌 자존감을 지켜 나가기를 바랍니다.

돌이켜 보면 중학교 때 처음 세계사를 접하면서 제가 역사를 좋아한다는 사실을 깨달았습니다. 연습장 네 쪽 정도에 기원전 1만 년부터 1970년대까지의 주요한 역사적 사건들을 연표로 작성하는 일은 공부이기도 했지만 취미이기도 했습니다. 그리고 최근까지 과학 대중서를 집필한 지 8년이 되어 가는 시간 동안 다양한 주제의 글을 쓰면서 언젠가는 우주와 지구 생명과 인간을 아우르는 137억 년의 역사를 쓰고 싶다는 생각을 항상 염두에 두고 있었습니다. 그리고 이렇게 기회가 되어 글을 쓰는 사람으로서 소원 하나를 성취하게 되었습니다. 기회가 왔을 때 쓸 수 있도록 나름대로 준비하고 있었던 스스로를 칭찬하고, 기회를 주신 여러분께도 감사의 뜻을 전합니다. 그러나 항상 탈고를 하고 나면 아쉬운 부분이 남습니다. 잘못된 부분이 있다면 오로지 저의 책임입니다.

박재용

■ 차례 ■

들어가는 글

① — 빅뱅

② — 80억 년 전, 별의 일생

1

빅뱅

우주의 시작과 끝에 관한
끝없는 논쟁이 시작되다

지금부터 약 137억 년의 역사를 가진 우주와 지구에 대한 이야기를 시작하려고 합니다. 그 파란만장한 역사 전체를 다루는 건 아니고 어디까지나 과학을 중심으로 한 우주와 지구의 역사를 이야기해 보려 합니다. 1장에서는 굉장히 짧은 시간을 다루게 됩니다. 우주가 시작된 다음부터 10^{-12}초가 될 때까지의 역사인데, 이는 약 1천억 분의 1초가 될 때까지의 시간입니다. 그 짧은 시간에 무슨 일이 그렇게나 많이 일어났는지 놀라울 정도입니다.

우주에 관해 생각할 때 고려해야 할 두 가지 상반된 우주관이 있습니다. 하나는 창세기로 대표되는 우주관이고, 다른 하나는 고대 그리스의 자연철학으로 대표되는 우주관입니다. 그런데 고대 그리스의 자연철학은 사실 조금 낯설죠. 고대 그리스의 철학자들 중에서 우리에게 잘 알려진 사람은 소크라테스와 플라톤, 그리고 아리스토텔레스 정도입니다. 거기에 만물의 근원은 물이라고 주장한 탈레스가 있고, 만물은 네 가지 원소 즉, 물, 불, 흙, 공기로 이루어져 있다고 말한 엠페도클레스도 있습니다. 아리스토텔레스는 그 네 가지 원소가 습함과 건조함, 따듯함과 차가움이라는 속성을 가지고 있다고 말했고, 데모크리토스는 모든 만물은 원자로 이루어져 있다고 말한 바 있습니다. 아리스토텔레스는 연속설을, 데모크리토스는 입자설을 주장하며 서로 논쟁을 했는데 이 사람들이 모두 다 자연철학자들입니다.

자연철학자들과 신화는 서로 매우 다른 우주관을 가지고 있습니다. 신화의 우주관을 먼저 이야기해 보자면, 성경의 창세기에 나와 있는 것처럼 '시작'이 있습니다. 우주는 처음에 신이 '빛이 있으라' 하니까 빛이 나오고, 그다음에 '공기는 위로 올라가고 땅은 아래로 내려가라' 하니까 위로 올라가고 아래로 내려갔다는 식이죠. '끝'도 있습니다. 묵시록을 보면 마지막에 신이 세상을 심판하죠. 이렇게 시작과 끝이 있고, 그 사이에 시간이 흘러가는 우주관 또는 세계관이 있었습니다. 그런데 이는 성경에만 있는 것이 아니라 인도의 신화나 메소포타미아 신화, 잉카의 신화 그리고 우리나라의 신화에도 나타납니다. 신화들은 거의 다 이렇게 시작과 끝이 있는 우주관을 가지고 있습니다.

고대 그리스의 플라톤과 아리스토텔레스가 생각한 우주관은 이와는 매우 달랐습니다. 이들의 우주관에는 시작도 끝도 그리고 변화도 없습니다. 처음부터 우주는 지금 모습 그대로 만들어져 있었고, 이런 상태가 끝까지 간다고 말합니다. 우주에 있는 별이든 달이든 태양이든 모두 다 사라지지도 않고 만들어진 것도 아니고, 처음부터 지금까지 계속 그렇게 있는 것이라고 주장합니다. 이런 걸 영속적 우주관이라고 하는데, 이 우주관이 플라톤과 아리스토텔레스가 맨 처음 주장한 때부터 시작해 20세기까지, 즉 서양 전체를 지배했습니다. 서양의 우주관에 따르면 우주는 시작도 없고 끝도 없으며 현재의 모습을 그대로 유지합니다. 즉 목성이든 토성이든 태양이든 은하든 새로 만들어지지 않고, 사라지지도 않고, 원래의 모습 그대로 쭉 유지된다는 것입니다.

1915년 아인슈타인이 일반상대성이론을 발표하면서 이러한 서양의 우주관에도 균열이 생기기 시작합니다. 일반상대성이론에는

❖ ― 플라톤(왼쪽)과 아리스토텔레스(오른쪽)

우주의 시공간과 우주의 물질-에너지가 상호작용한다는 내용이 담겨 있습니다. 아인슈타인은 이를 일종의 방정식으로 나타냈는데 이를 통해 이 우주 자체는 수축을 할 수도, 팽창을 할 수도 있다는 사실이 확인되었습니다. 엄밀히 말하면 아인슈타인이 확인한 건 아니었고, 그가 일반상대성이론을 발표하자 다른 과학자들이 그 방정식을 가지고 이리저리 계산을 하다가 우주가 팽창을 할 수도, 수축을 할 수도 있다는 사실을 알게 된 것이죠. 그전까지 거의 모든 서양의 과학자들과 철학자들은 우주가 수축을 하거나 팽창을 하지 않고 언제나 원래의 모습 그대로를 유지한다고 생각했는데, 그건 아인슈타인도 마찬가지였습니다. 그래서 아인슈타인은 그 유명한 '우주 상수'라는 걸 만들어 냅니다. 이는 일종의 숫자인데 이를 꽂아 넣어 우주가 수축을 하거나 팽창을 하지 못하도록 만드는 것이죠. 그런데 아인슈타인이 박아 놓은 그 우주 상수가 마음에 들지 않는 사람들이 있었습니다. 그 사람들 중 한 명이 조르주 르메트르Georges Henri Joseph Edouard Lemaitre라고 하는 벨기에의 신부이자 물리학자였습니다.

성경에서는 우주에 시작과 끝이 있다고 했습니다. 그런데 유럽은 우리가 알고 있기로는 로마 시대 이후로 기독교가 지배하던 세기였는데도 그 대부분의 시기에 과학자들은 그리스의 우주관을 받아들여 우주에는 시작도 없고 끝도 없다고 생각했습니다. 신부들은 당연히 불만이 있었겠죠. 그런데 일반상대성이론이 나오자 '잘됐다, 자, 봐라. 시작이 있을 수 있다!'가 된 겁니다. 조르주 르메트르는 '우주는 원시적인 원자에서부터 시작'되는 것, 즉 시작이 있다고 주장합니다. 하지만 이 주장이 그대로 과학자들에게 받아들여진 건 아니었습니다. 그런데 허블이라는 미국의 천문학자가 '적색편이'라는 걸 발견하고 이 적색편이가 바로 우주가 팽창하고 있다는 증거가 됩니다. 적색편이에 대해서는 뒤에서 자세히 설명하겠습니다.

적색편이가 발견된 이후 우주가 팽창하고 있다는 게 모든 사람들에게서 인정을 받게 되자, 조지 가모프George Gamow라는 사람이 다시 우주에는 시작이 있다는 주장을 하게 됩니다. 그 시작이 어떤 건지는 그 당시에는 정확하게 알 수 없었으나 이제 2000년 이상 우주가 지금 상태를 계속 유지하고 있다고 주장하던 사람들 중의 일부가 그렇지 않다고 이야기하기 시작합니다. 우주가 팽창하고 있는 건 사실이지만 그렇다고 하더라도 지금의 밀도를 이전에도 계속 유지하고 있었을 것이라고 주장을 하는데, 이전에는 우주가 항상 동일한 상태를 유지한다는 이론에 따로 이름이 없었습니다. 왜냐하면 너무도 당연하고 유일한 이론이었기에 따로 이름을 붙일 필요가 없었던 겁니다. 마치 신처럼 말이죠. 그리스 신화에서는 제우스, 포세이돈 등등 신이 여럿이니까 신마다 이름을 붙여야 했지만 기독교의 신은 영어로는 그냥 'The God'입니다. 단 하나밖에 없으니까 이름을 따로 붙일 이유가 없는 거죠. 이슬람교 역시 유일신교니까 신에 해당하는 아랍어 '라'에 영어의 'The'에 해당되는 관사인 '알Al'을 붙여 '알라'라고 부릅니다. 이렇게 하나밖에 없으면 따로 이름을 붙일 이유가 없는 겁니다. 신은 그냥 신이니까요. '정상우주론'도 이전에는 그것 하나밖에 없었기 때문에 따로 이름이 없었습니다. 그런데 우주에 시작이 있다는 주장이 나오면서 이것에 반대해서 원래 그 상태라는 걸 주장할 필요가 있게 된 것입니다. 이때 비로소 정상우주론이라는 이름이 붙게 되었습니다. (여기서 '정상'은 '노멀normal'이 아닌 일정한 상태를 유지하고 있다는 뜻의 '스테이트state'를 의미합니다.) 그리고 논쟁은 계속됐습니다.

우주배경복사

결정적으로 우주에 시작이 있다는 사실을 확인하게 된 건 1964년 우주배경복사를 발견하면서부터입니다. 앞서 우리는 우주가 팽창하고 있다는 사실을 적색편이 때문에 확인할 수 있었다고 이야기했습니다. 적색편이는 파동에서 나타나는 현상입니다. 이때 파동을 만드는 원인을 파원이라고 하지요. 이 파원이 파동을 관찰하는 사람으로부터 멀어지면 파장이 길어지고 진동수가 줄어듭니다. 그러면 우리가 그것을 볼 때 원래의 파장보다 길게 느끼게 됩니다. 반대로 다가오면 파장이 짧아지고 진동수가 커집니다. 그러면 우리는 그것을 더 높은 진동수로 보게 되는데, 이것을 소리에 대응하면, 파장이 길어지고 진동수가 줄어들면 소리는 낮아지고, 반대가 되면 소리는 높아지겠죠.

그다음 빛에서 살펴보면, 빛이 가시광선에서 적색 쪽으로 가고, 반대가 되면 파란색 쪽으로 가게 됩니다. 그래서 보통 전자기파 중에서 우리가 빛이라고 얘기하는 가시광선의 파장이 약 450나노미터에서 700나노미터 사이를 왔다 갔다 하는데, 32쪽 그림에 보이는 것처럼 파장이 짧은 파란색 쪽이 진동수가 큽니다. 반대쪽은 빨간색으로 보이는데, 우주에 있는 은하들을 관찰해 보니 은하들 대부분이 적색편이를 일으키더라는 겁니다. 즉 원래 자신들이 가진 빛깔보다 더 붉은색을 띄더라는 것이죠. 이를 통해 우리가 알 수 있는 건 모든 별들이 지구로부터 멀어지는데, 지구가 따돌림을 당하는 게 아니라면 별이 멀어지는 게 아니라 별과 지구 사이의 공간 자체가 넓어진다는 것이죠.

두 번째로 이 적색편이가 어느 정도로 일어나는가를 파악해 보니 지구로부터의 거리에 비례했습니다. 지구로부터 멀면 멀수록, 그게 동쪽이든 서쪽이든, 남쪽이든 북쪽이든 동일한 비율로 편이가 더 심하게 나타났습니다. 그렇다면 별들이 실제로 멀어지는 게 아니라 별과 우리를 포함하고 있는 이 우주 공간 전체가 확장되는 것이라고 볼 수밖에 없다는 결론이 나옵니다. 이렇게 지구로부터 멀어지는 별들을 보면서 우주가 팽창하고 있다는 사실이 확인되었습니다. 하지만 그렇다고 우주에 시작이 있다는 주장이 증명되었다는 뜻은 아닙니다. 왜냐하면 정상우주론을 주장했던 사람들은 우주가 팽창하는 건 맞는데, 팽창하면 팽창하는 만큼 뭔가가 생긴다고 생각했기 때문입니다. 새로운 물질들이 나타나서 우주의 밀도는 일정하게 유지된다는 것이죠. 그리고 '과거로 돌아가면, 끊임없이 돌아가면 끝이 있을 거 아니야?'라는 주장에 대해서도 반대로 공간이 줄어들면 밀도도 마찬가지로 줄어들기 때문에 전체적인 균형은 항상 유지되었을 것이며 과거로 완전히 저물어 가는 게 아니라, 어느 시점에 가면 다시 확장이 됐을 것이라고 주장합니다. 즉 주기성을 가진다는 것입니다. 그래서 우주는 원래 줄어들었다 늘어났다 하는데, 지금이 마침 팽창하는 우주일 뿐이라고 주장했습니다.

　그렇다면 우주에 시작이 있다고 생각했던 사람들은 가만히 있었을까요? 우주에 시작이 있다고 생각했던 사람들은 우주배경복사를 새로운 증거로 제시합니다. '만약 우주에 시작이 있다면 무언가 있었을 것이다, 그것이 바로 우주배경복사이고 우리가 그것을 찾을 수 있을 것이다'는 식이었죠. 일종의 예언이었지만 매우 구체적인 주장이었습니다. 잠시 구름에 대해 생각해 볼까요? 구름이 어떻게 만들어지죠? 상승 기류에 따라 위로 올라간 공기는 압력이 약해져 팽창이 일어납니다. 이것을 단열팽창이라고 하는데 단열팽창이 일어나면 에너지가 줄어들고, 에너지가 줄어들면 온도가 내려가서 물방울들이 응결해 구름이 만들어집니다.

　우주에 시작이 있다고 생각했던 사람들은 이와 같은 현상이 우주에서도 일어난다고 주장합니다. 우주 밖에 무엇이 있는지는 모르지만 우리가 알고 있는 우주는 외부에서 영향을 받는 것이 없고, 우리 우주도 외부에 영향을 주지 않으니 우주 자체가 하나의 '닫힌계'라고 볼 수 있습니다. 따라서 우주는 단열팽창을 하고 있는 중이니까 지금 우주의 온도가 어느 정도인지 측정할 수 있으면 옛날에, 우주가 막 줄어들었을 때 온도가 얼마인지 또한 계산할 수 있겠죠. 그걸 계산해 보니 우주는 너무너무 뜨거웠던 겁니다. 얼마나 뜨거웠냐면 원자를 구성하는 양성자나 중성자, 전자 같은 입자들이 만들어지지 못하고 빛의 형태를 띨 정도였습니다. 그러다가 우주가 팽창을 하면서 온도가 내려가고 중성자와 전자 같은 게 만들어지는데, 이때 만들어지는 전자는 아직도 너무 뜨거웠기 때문에 속도가 굉장히 빨랐습니다. 그래서 원자핵에 붙어 있지 못하고 온 우주를 돌아다닙니다. 전자가 온 우주를 돌아다니면 빛은 어떻게 될까요? 그 당시에 있던 빛이 앞으로 나가려고 해도 전자한테 계속 부딪혀서 나가지 못 하게 되죠. 마치 태양의 안쪽에서 일어나는 상황과 같습니다. 태양 가운데 핵융합을 하는 곳이 있는데 핵융합을 통해 만들어지는 빛에너지가 태양의 표면으로 나오려면 족히 십만 년이 걸립니다. 태양 내부가 워낙 고온인 데다 밀도가 높기 때문에 여기에 부딪혀서 나오질 못하기 때문입니다. 태양의 층상 구조 중 제일 안쪽에 핵융합이 일어나는 데가 있고, 그 바깥에 복사층이 있고, 그 바깥에 대류층이 있고, 대류층 바깥에 비로소 태양의 광구 표면이 있습니다. 그 중 복사층이 바로 이렇게 빛이 계속 물질에 부딪치면서 빠져나오길 힘들어 하는 곳이죠.

우주에 시작이 있다고 생각했던 사람들은 이런 과정이 초기 우주에도 있었다고 주장합니다. 그러나 우주가 계속 팽창해서 온도가 내려가자 전자도 같이 식으면서 속도가 느려집니다. 그러다 임계점에 도달하게 되어 마침내 원자핵에 잡혀 원자가 만들어집니다. 그리고 빛은 비로소 우주로 직진할 수 있게 됩니다. 우리는 전자가 원자핵에 붙잡히려면 전자의 속도가 어느 정도가 되어야 하는지 알 수 있기 때문에 우주의 온도도 계산할 수 있습니다. 그 온도에 따라 빛이 가질 에너지가 계산이 됩니다. 그리고 빛의 진동수도 결정되지요. 빛의 진동수가 아주 높으면 감마선이 되고, 그것보다 작으면 엑스선, 그다음에 자외선, 가시광선, 적외선이 됩니다.

빛의 진동수를 계산했다면 다시 역으로 계산을 합니다. 그때 당시의 빛이 지금까지 계속 직진을 하고 있는데, 그 직진하는 빛이 우주가 팽창하면서 단열팽창이 되며 계속 온도가 떨어지고, 어디까지 떨어졌는지 계산을 해 보니 절대온도로 약 3.5도K, 섭씨온도로는 -260도 정도였습니다. 그러면 이 온도에서의 빛의 진동수를 다시 계산할 수 있는데 이 진동수를 가지는 전파가 바로 우주배경복사라는 것입니다. 이것을 관찰할 수 있다면 정말로 우주에 시작이 있다는 걸 확인할 수 있다는 이야기였죠.

대폭발 Big Bang 의 시대

우주배경복사는 그로부터 30년이 지난 1963년에 확인이 됩니다. 그후 우주의 생성과 진화에 관한 본격적인 빅뱅이론이 펼쳐집니다.

우주의 시작점이 퍼져 나가는 과정을 보면, 대폭발 후 10^{-43}초가 지날 때까지의 시기를 플랑크 시대라고 이야기합니다. 막스 플랑크 Max Planck라는 독일 물리학자의 이름에서 따온 말입니다. 양자역학에 따르면 시간과 공간 조건이 계속 좁혀지다 보면, 그 안에서 무슨 일이 일어나는지 알 수 없게 되는 경계점이 있습니다. 즉 우리가 현미경으로 관찰하고, 그게 안 되면 전자현미경으로 관찰하다가 더 이상은 아무리 좋은 현미경을 개발해도 볼 수가 없는 경계점이죠. 또 물질의 이동 상태를 파악하기 위한 시간 단위도 좁히고 좁히다 보면 그 안에서 물질이 어떻게 움직이는지를 파악할 수 없는 시간 단위가 나옵니다. 그것을 플랑크 단위라고 부릅니다. 우주의 시작에서부터 10^{-43}초까지가 바로 이런 플랑크 단위이 해당될 만큼이어서 현재의 우리는 그 시기가 어떠했는지 알 수 없습니다. 이 당시 우주의 크기는 10^{-33}센티미터였습니다. 그 정도면 우리가 알 수 있는 것은, 우주는 아주 작고, 아주 뜨겁다는 것 정도입니다. 많은 물리학자들이 저 당시에는, 우주의 가장 근본적인 네 가지 힘이 하나의 힘으로 통일되어 있었을 것이라고 생각합니다. 그래서 여전히 중요한 연구 대상이 되는 시기입니다. 어쨌든 이 시기까지가 바로 우리가 모르는 빅뱅의 처음, 즉 플랑크 시기입니다.

플랑크 시기가 지나고 나서 10^{-43}초부터 10^{-36}초 사이, 우주가 본격적으로 커지기 시작하는데, 커지면서 온도는 내려가고 앞서 이야기한 우주의 근본적인 네 가지 힘 중에서 만유인력이 나머지 힘들과 분리됩니다. 사실 이 시기에 분리가 되었다고 하는 건 학자들의 생각이지 정확하게 관찰된 것은 아닙니다. 그리고 이 시기에 바로 힉스 보손이 존재하게 됩니다. 몇 년 전 중력파가 발견됐다는 뉴스가 화제가 되었던 적이 있습니다. 바로 그 중력파 전에 유럽의 연구소에서 발견한 것이 힉스 보손입니다. 힉스 보손이 만들어지면서 힉스 필드, 즉 힉스 장이 존재한다는 걸 증명했는데, 힉스 장은 물질들에게 질량을 제공하는 역할을 합니다. 현재 우주에서는 힉스 보손을 거의 관찰할 수가 없습니다. 유럽의 한 연구소 가속기 안에서 만들어진 게 약 137억 년 만에 처음 만든 거죠. 그 사이에는 없었는데, 우주의 초기에는 있었다는 이야기입니다. 힉스 보손은 아주 높은 에너지 상태에서만 존재할 수 있기 때문입니다.

그리고 이 시기에 공간이 팽창하는데, 빛보다 빠른 속도로 팽창을 합니다. 얼마나 빠른 속도로 팽창을 했느냐 하면, 10^{-33}초에서 10^{-36}초 사이에 그 크기가 10^{50}배로 커집니다. 너무 짧아 계산하기도 힘든 시간이죠. 여기서 의문이 하나 생깁니다. 아인슈타인에 따르면 빛보다 빠른 물질은 없다고 했는데, 어떻게 빛보다 빠르게 팽창을 할 수 있었을까요? 아인슈타인의 이론은 질량을 가진 물질에만 적용되기 때문입니다. 팽창하고 있는 건 물질이 아니라 질량이 없는 공간이므로 가능합니다. 그리고 이 시기 온도는 차갑게 식어 10^{29}K 까지 내려갑니다. 이 시기를 대통일 시대라고 부릅니다. 네 가지 힘이 함께였다가 첫 번째 힘이 깨지는, 그래서 대통일이 깨지는 시기라는 의미입니다. 그럼 여기서 아껴 두었던 네 가지 힘에 관해 이야기해 보겠습니다.

우리가 알고 있거나 혹은 들어 본 여러 가지 힘들에는 전기력, 자기력, 탄성력, 마찰력, 장력, 항력 또는 수직항력 그리고 표면장력 등이 있습니다. 이런 여러 가지 힘들은 대부분 근본적인 힘으로부터 파생된 것이죠. 이 우주를 지배하는 근본적인 힘은 단 네 가지입니다. 첫 번째, 질량을 가진 물체가 서로를 끌어당기는 힘, 중력 혹은 만유인력이라고 이야기하는 힘이죠. 그다음 전기력과 자기력인데, 이 두 개는 하나의 힘입니다. 전하를 가진 물체가 움직이면서 만들어 내는 힘, 즉 전자기력입니다.

세 번째 힘은 약한 상호작용입니다. 흔히 약력이라고도 부르죠. 지금의 원자력 발전을 가능하게 하는 힘인데 원자폭탄을 만들 수 있는 것도 바로 이 힘 때문입니다. 원자력 발전이 일어나려면 우라늄이 핵분열을 해야 하는데 핵분열을 하는 과정에서 중성자 하나가 양성자와 전자로 혹은 양성자가 중성자와 양전자로 나뉩니다. 이걸 나눠지게끔 만드는 힘을 약한 상호작용이라고 합니다. 이것이 나눠져야만 다른 원자핵을 쳐서 변속적인 핵분열이 가능해집니다. 지금 우리가 원자력 발전을 할 수 있는 건 바로 이런 약한 상호작용이 존재하기 때문입니다. 한 가지 짚고 넘어 갈 것은, 여기서 약하다는 기준은 다른 힘에 비해 약하다는 의미이고, 중력보다는 천배 정도 센 힘입니다.

마지막으로 강한 상호작용이 있는데, 쿼크들 사이에서 일어나는 힘입니다. 중성자나 양성자는 세 가지의 쿼크로 이루어져 있는데 이 쿼크들이 서로를 끌어당기는 힘을 강한 상호작용이라고 부릅니다. 헬륨 같은 경우엔 양성자 두 개와 중성자 두 개가 모여서 원자핵을 이루고 있는데, 이때 양성자 두 개와 중성자 두 개를 어떤 힘이 서로 끌어당기고 있느냐 하는 것입니다. 양성자 두 개는 같은 플러스 전

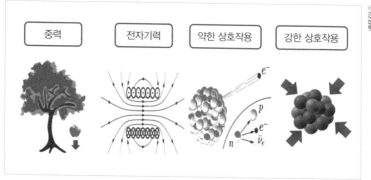

e^-

p

n e^- $\bar{\nu}_e$

❖ — 네 가지 근본적인 힘

하니까 서로 밀어내는 전자기력을 가지고 있을 텐데, 그럼에도 불구하고 원자핵이 유지된다는 건 전자기력보다 훨씬 강한 힘이 이들을 묶어 놓고 있다는 뜻이겠죠. 더군다나 전하도 없는 중성자를 양성자와 같이 묶어 놓는 힘은, 양성자가 중성자를 끌어당기는 게 아니라 양성자 안에 있는 쿼크와 중성자 안에 있는 쿼크들이 서로 끌어당기고 있다는 이야기가 됩니다. 그런데 이 힘이 전자기력보다 훨씬 세므로 이들이 서로 흩어지지 않는다는 의미에서 강한 상호작용이라고 부르게 된 것입니다. 이 힘은 아주 좁은 범위에서만 이루어지기 때문에 원자핵을 벗어나는 범위에서는 잘 일어나지 않습니다. 이는 주기율표상에서 원자 번호가 클수록 쉽게 핵분열이 일어나는 이유를 설명해 줍니다. 강력은 아주 좁은 범위에서만 일어나는데 원자 번호가 큰 원자들은 원자핵 자체의 크기가 크고 원자핵 내의 양성자끼리 작용하는 서로 밀어내는 힘도 커져서 이 범위를 쉽게 벗어날 수 있습니다.

이렇게 네 가지 힘 중에서 첫 번째 중력이 대통일 시기에 빠져 나갔습니다. 그리고 이제 입자들이 생성됩니다. 영어로 하드론hadron 이라고 하는 중입자가 생성되고 가벼운 입자인 렙톤lepton도 생성되 는데 렙톤에는 우리가 지금까지 이야기했던 전자가 있고, 중성미자 라는 것도 있습니다. 여기서 얘기하는 중입자는 양성자와 중성자를 말하는데, 말 그대로 무거운 입자라는 뜻입니다. 질량의 크기가 전 자의 2천 배 정도 되니 굉장히 무겁겠죠. 그런데 이들 입자가 처음 만들어질 때는 입자와 반입자가 같이 생겨야 합니다. 양성자와 반反 양성자가 한꺼번에 만들어져야 하고 중성자도 반反중성자와 동일하 게 만들어져야 합니다. 이를 쌍생성이라고 하는데, 공상 과학 영화 에서 주로 등장하는 반물질이라는 말을 들어 보셨나요? 이런 반물 질들이 실제로는 동일한 개수만큼 생성이 되어야 합니다. 그런데 이 반물질들이 동일한 개수만큼 생성이 되면 서로 부딪혀서 쌍소멸을 합니다. 그렇다면 지금 우주에 이렇게 수많은 양성자나 중성자는 존 재할 수 없는데, 실은 그렇지 않다는 거죠. 따라서 이 시기에 우리가 알고 있는 양성자, 중성자 들이 이것에 해당되는 반물질보다 아주 조금이라도 더 생성이 되었어야 한다는 말이 됩니다. 이에 대한 가 설이 없는 건 아니지만 아직 확실한 정답은 없습니다. 어쨌든 물질 이 반물질보다 조금 더 많아지고, 그 결과로 지금 우리가 그리고 우 주가 존재하는 것이죠. 대통일 시대가 끝나면 이제 전자기약 시대가 시작됩니다.

인플레이션 우주(우주의 기원을 찾아서)

전자기약 시대는 10^{-36}초부터 10^{-32}초까지의 시기입니다. 온도는 $10^{28}K \sim 10^{22}K$로 낮아집니다. 조금 어려운 말인데, 이 시기에 '대통일 게이지 대칭이 자발적으로 깨진다'고 말합니다. 대칭이 깨지면서 중력을 빼고 아직 뭉쳐져 있었던 약한 상호작용과 전자기력, 강한 상호작용 세 가지 중에서 강한 상호작용이 분리되고 나머지 전자기력과 약한 상호작용만 합쳐져 있던 시기입니다. 그래서 이름이 전자기약 시대입니다. 이 시기에 급팽창이 일어나는데, 이것이 바로 인플레이션 우주론입니다. 처음 빅뱅 이론에는 이런 개념이 없었습니다. 그냥 우주가 '빵' 하고 터져서, 지금 팽창하고 있는 속도처럼 쭉 팽창을 할 것이라고 생각했는데, 그러다 보니 세 가지 문제점이 발견되었습니다.

첫 번째가 너무 균일한 우주고, 두 번째가 자기홀극 문제, 세 번째가 평탄성 문제입니다. 앞서 우리는 우주배경복사를 확인할 수 있다고 말했습니다. 우주배경복사를 우연히 확인한 다음, 그것이 어디에서 오는지 봤더니 우주 전체에서 오는 겁니다. 우주가 아주 작았을 때 빛보다 빠르게 팽창했고, 빛보다 빠르게 팽창을 했으니까 우리한테 아직 도달을 못한 빛도 있겠죠? 그래서 우주배경복사는 우리가 발견하기 전에도 있었고, 지금도 있고, 앞으로도 있을 것입니다. 물론 온도는 점점 더 내려가는 우주배경복사가 나오겠죠.

어쨌든 이런 우주배경복사가 모든 곳에서 오는데 온도를 쟀더니 모두 똑같았습니다. 이게 왜 문제가 될까요? 냄비에 물을 끓인다고 생각해 봅시다. 냄비 속의 물은 처음에는 바닥부터 따뜻해지다가 대류를 통해 왔다 갔다 하면서, 위쪽이나 아래쪽이나 똑같은 온도가 됩니다. 하지만 가스레인지 두 개에 따로 물을 끓이면 두 냄비 속 물의 온도는 아무리 조절을 잘 해도 미세하게는 달라지겠죠. 바로 이런 겁니다. 처음에 우주가 빛보다 빠르게 팽창을 했다면 우주의 동쪽과 서쪽이 같은 온도가 될 수 없습니다. 원래 같은 데서 끓고 있었다면 모르겠지만 빛보다 빠르게 팽창했으니 이쪽이랑 저쪽은 서로 연락을 할 수가 없었겠죠. 상호작용이 안 됐을 겁니다. 그래서 두 개의 레인지에서 끓이는 물처럼 온도가 달라야 하는데 똑같았던 겁니다. 이 문제를 해결하기 위한 방법이 바로 인플레이션 우주 이론입니다. 처음에 한곳에서 똑같은 온도로 끓인 물을 불을 끈 다음 빠른 속도로 두 개의 그릇에 나눠 담습니다. 다른 조건이 동일하다면 물은 똑같은 온도로 식을 겁니다. 우주도 마찬가지입니다. 우주가 어느 순간 아주 빠르게 팽창을 하기 전까지 같은 그릇 안에 있었다고 생각하는 거죠. 그것이 바로 인플레이션 우주 이론입니다.

다음으로 자기홀극이 어디 있느냐 하는 문제입니다. 자석에는 N극과 S극이 있습니다. 이 자석을 반으로 자르면 잘린 두 개 자석에 S극과 N극이 또 생기죠. 즉 우리가 자석을 아무리 잘게 잘라도 잘린 자석 모두에는 N극과 S극 두 개가 있습니다. 이를 쌍극이라고 부릅니다. 그런데 아주 옛날에는, 우주가 처음 생길 때는 N극만 있는 자석, S극만 있는 자석이 있었죠. 그런데 왜 발견할 수가 없냐는 것이 바

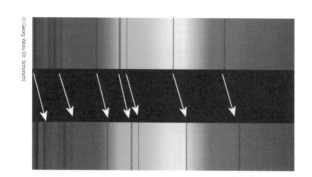

❖ ― 적색편이

❖ ― 우주배경복사 지도

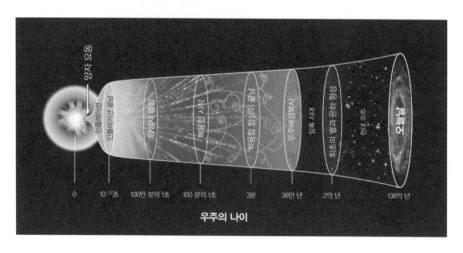

❖ ― 우주의 역사

로 자기홀극 문제입니다. 이에 대해 처음에 생긴 자기홀극 자체가 아주 적어서 인플레이션으로 우주가 갑자기 팽창하면서 자기홀극을 발견하기가 힘들어진 것이다, 즉 풍선 표면에 점을 한 백 개쯤 찍었는데 풍선이 작을 때는 그 점들을 보기가 어렵지 않지만 풍선이 갑자기 1억 배, 10억 배 커져 버리면 작은 점을 발견하기가 힘든 것과 같은 이치라는 이야기입니다.

다음으로 평탄성 문제입니다. 우주에 떠 있는 망원경 중에 허블 우주 망원경이 있는데, 이 망원경으로 우주의 전 방향, 아주 깊은 우주, 아주 멀리 있는 우주를 찍은 사진들이 있습니다. 이 사진들을 통해 우주 전체가 굉장히 균일하다는 걸 알게 되었죠. 그리고 이에 관해 설명하려면 역시 초기 인플레이션 이론이 필요했습니다. 이러한 세 가지 문제점을 바탕으로 1970년대~1980년대에 새로운 인플레이션 우주 이론이 등장합니다.

여러분은 우주 거대 구조에 대해 들어 보셨나요? 2000년경 우리나라에서 밀레니엄 프로젝트라는 이름의 시뮬레이션을 한 적이 있습니다. 수천 개의 은하단이 모여서 만들어진 초은하단이라는 것이 있는데 작은 점처럼 보이는 초은하단들이 모여 마치 필라멘트처럼 보이게 되는데 이를 우주 거대구조라고 합니다. 그리고 필라멘트와 필라멘트 사이에는 거대한 빈 공간, 즉 공동void이 있습니다. 이 필라멘트와 보이드는 우주 전체에 아주 균일하게 펼쳐져 있는데 가까이에서 보면 보이드와 필라멘트가 서로 다른 공간에 존재하고 그 존재 양태도 다양합니다. 일종의 불균일성이죠. 하지만 멀리서 보면

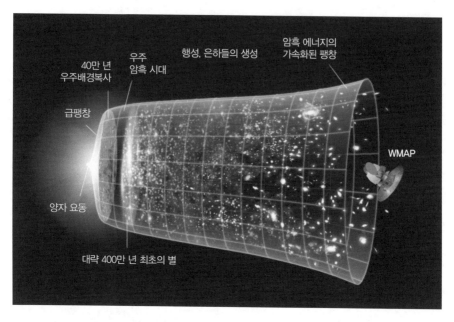

＊ ― 우주의 극 초기에 급팽창이 있었다.

우주 어디나 비슷한 모습으로 보입니다. 거시적 균일성이죠. 이런 우주가 만들어진 것이 바로 인플레이션 구조 때문이라는 것입니다. 초기 우주는 앞서 이야기한 것처럼 아주 균일한 모습이었을 겁니다. 아직 그리 넓지 않은 공간이니 서로간의 상호작용에 의해 여기나 저기나 같은 온도였죠.

하지만 아주 조그마한 공간, 즉 플랑크 공간에서는 이 균일성이 깨집니다. 바로 양자 요동 때문인데 하이젠베르크의 불확정성의 원리에서 비롯된 것입니다. 앞서 아주 작은 공간에서는 어떤 일이 일어나는지 알 수 없다고 이야기했습니다. 아무것도 없는 빈 공간에서

34

아주 짧은 시간 동안 전자와 양전자가 동시에 생기고, 또 바로 뒤 전자와 양전자가 서로 충돌해서 빛만 남기고 사라집니다. 이런 식으로 아주 좁은 공간에서 아주 짧은 시간이라는 전제를 두면 빈 공간에서도 입자가 저절로 생겼다 사라지는 걸 반복하게 되는데 이를 양자 요동이라고 합니다. 즉 전체적으로는 균일하지만 플랑크 공간이라는 아주 좁은 영역에서는 아주 짧은 시간 동안 불균일성이 나타나는 것입니다. 그러다가 인플레이션이 시작됩니다. 이전에는 아주 좁은 영역이었는데 갑자기 그 크기가 확 커집니다. 그 순간 각각의 작은 공간마다는 동일한 상태가 아니므로 전자와 양전자가 생겨나는 곳도 있었을 것이고, 소멸하는 곳도 있었을 겁니다. 그런 공간들이 쭉쭉 늘어나 이제 양자역학적 효과가 그대로 박제가 되어 버립니다. 그래서 어딘가는 공간의 물질–에너지 밀도가 다른 곳보다 좀 더 높아지고 어딘가는 낮아집니다. 그 결과가 지금과 같이 필라멘트와 보이드를 낳게 된 것이죠. 하지만 우주 전체로 보면 이런 불균일성 자체가 곳곳에서 아주 비슷하게 일어나니 전체적으로는 균일한 모습으로 보이는 것입니다.

골프공을 한번 생각해 볼까요? 골프공 표면은 우둘투둘하죠. 공기 저항을 줄이기 위해 오목오목하게 패인 딤플이라는 홈 때문입니다. 이 골프공이 갑자기 지구만 한 크기가 된다면 어떨까요? 지구 정도 크기에 골프공의 딤플 몇 밀리 정도가 생기는 건 아마 눈에 띄지도 않을 겁니다. 지구 표면은 아무런 문제없이 평탄해 보이겠죠. 바로 이것이 인플레이션 우주 이론에서 얘기하는 평탄성의 문제를 해

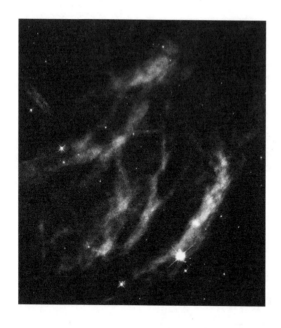

❖ — 거품 모양의 우주
거대 구조

결하는 방법입니다.

앞서 아직도 우리에게 도착하지 않은 우주배경복사가 있다고 얘기했습니다. 우리는 팽창한 우주 중에서 빛이 오고 있는 부분만 관찰을 할 수 있습니다. 즉 우리가 관찰할 수 있는 우주는 아주 작은 부분이라는 뜻이죠. 우리가 관찰할 수 있는 영역 너머에도 빅뱅에 의해서 만들어진 초기 우주의 다른 부분이 있을 수 있다는 이야기입니다. 지금 우리가 관찰할 수 있는 우주와 그 너머의 우주, 그 경계를 우주의 지평선이라고 부릅니다. 우리가 지금 볼 수 있는 영역은 469억 광년입니다. 앞서 우주의 나이는 약 137억 년이라고 했습니다. 여기서 의문이 생깁니다. 빛의 속도는 일정하고 1년 동안 가는 거리가 1광년입니다. 우주의 역사가 137억년이니 빛이 움직일 수 있는 거리 또한 137억 광년일 수밖에 없습니다. 그러나 여기서 하나, 우주 자체가 팽창하고 있다는 걸 생각해야 합니다. 137억년 전 지금의 지구로부터 137억 광년 떨어져 있던 곳은 그 사이 더 멀어져서 현재 469억 광년 거리가 된 것이죠. 하지만 그 너머에도 우주는 존재합니다. 이것이 다양한 다중우주 이론 가운데 첫 번째 다중우주 개념입니다. 만약 우주가 충분히, 그러니까 거의 무한대에 가깝게 멀리 있다면 우리가 볼 수 있는, 그리고 상호작용할 수 있는 우주는 전체 중 아주 작은 일부이고, 우리 우주와 같은 작은 우주들이 서로 끝까지 상호작용을 하지 못한 채, 그러니까 존재 자체도 알지 못한 채 무수히 많이 존재할 것이라는 이론입니다. 흔히 '퀘어 이은 다중우주 Quilted Multiverse 이론'이라고도 부릅니다.

그렇다면 우주가 급팽창을 하게 된 원인은 무엇일까요? 무언가 힘이 작용했기 때문에 급팽창을 했을 겁니다. 과학자들은 이러한 급팽창의 원인을 인플라톤Inflaton으로 설명합니다. 인플라톤은 아직 발견되지 않은 일종의 장field입니다. 잘 알다시피 중력은 서로 끌어당기는 힘입니다. 그리고 중력은 질량에 비례하는 힘이기도 하죠. 아인슈타인은 상대성이론에서 물질과 에너지는 서로 등가관계라고 했고 이를 통해 에너지도 일종의 중력을 가질 수 있다는 사실을 밝혔습니다. 실제로 아주 빠른 속도로 움직이는 물체는, 즉 운동에너지가 큰 물체는 그렇지 않은 물체에 비해 중력도—아주 조금이긴 하지만—커집니다. 또 우리가 어떤 물체에 압력을 가하면 그 압력에 의해서 물체가 가지는 에너지가 증가합니다. 그렇다면 그 물체의 중력도 당연히 증가하겠죠. 그런데 이런 에너지에 의한 중력은 그 값이 마이너스가 될 수 있습니다. 즉 끌어당기는 중력이 아니라 서로 밀치는 중력이 되는 거죠. 이렇게 강력한 마이너스의 중력을 만드는 에너지가 초기 우주에 있었는데 이를 인플라톤이라고 불렀던 것입니다.

그런데 과학자들의 연구에 따르면 인플라톤은 모든 공간을 균일한 값으로 채웁니다. 달리 말하면 공간 자체가 같은 값의 인플라톤 에너지를 가진다는 뜻입니다. 그럼 공간이 커지면 커질수록 우주 전체의 인플라톤 에너지가 커지게 되겠죠? 따라서 인플라톤에 의해 우주가 팽창하면 팽창하는 만큼 더 큰 힘이 작용하고, 그러면 더 빠르게 우주가 팽창하고, 또 우주가 팽창하면 다시 인플라톤 에너지가 더 커지고, 이제 더, 더 빠르게 우주가 팽창하고…… 이렇게 반복이 되다가 순식간에 무지막지한 속도로 우주가 팽창하게 된 것입니다. 하지만 다행히 인플라톤에 의한 급팽창이 아주 짧은 시간 동안만 지속되다가 멈추었기 때문에 지금 우리가 존재할 수 있는 것이죠. 이유는 앞서 말한 양자 요동 때문입니다. 모든 장field은 양자 요동을 겪는데 인플라톤 장도 마찬가지입니다. 에너지가 높을수록 요동이 심해집니다. 요동의 결과 인플라톤 값이 완전히 바닥으로 떨어지면 그 순간 급팽창이 멈추게 되는 것이죠.

하지만 양자 요동을 겪다 보면 바닥으로 떨어지지 않는 경우도 생기는데 그런 우주는 계속 팽창을 하게 됩니다. 다행히 우리 우주는 양자 요동이 멈춰서 지금의 모습을 가지게 되었습니다. 이는 앞서 이야기한 '꿰어 이은 다중우주'와 또 다른 개념의 다중우주가 됩니다. 우리 우주가 아닌 다른 우주는 계속되는 급팽창으로 별도, 은하도 만들어지지 못한 채 아주 차갑게 커지고 있을지도 모릅니다. 어떤 과학자는 인플라톤 값이 바닥으로 내려간 우주에서만 별과 은하가 만들어지고 그런 곳에서만 지성을 가진 생물이 나타날 수 있다는 점에서 우리 인간의 존재 자체가 인플라톤 값이 바닥으로 떨어진 증거라고 이야기하기도 합니다.

급팽창이 끝나면서 우주는 다시 가열이 되고 온도는 올라갑니다. 하지만 인플라톤의 위치 에너지가 바닥으로 떨어졌다고 해서 에너지가 사라진 것은 아닙니다. 그 형태가 변할 뿐이죠. 인플라톤의 에너지는 입자의 운동에너지로 바뀝니다. 인플라톤의 에너지가 우주 안에 있던 물질에게 주어지고 그 물질이 에너지를 받아 온도가 올라가고, 온도가 올라가면서 우주는 재가열이 됩니다. 앞서 쿼크가 양성자나 중성자를 구성한다고 했는데, 운동에너지가 너무 커서 결합을 못한 쿼크들은 점점 흩어져 있는 상태가 되어 버리고 이전에 만들어졌던 중입자는 다시 분해가 됩니다. 그러고 나서 양성자나 중성자의 온도가 너무 높아서 쿼크들로 분리되어 있는 플라즈마 상태가 이어집니다. 그러다가 이게 식으면서 마침내 양성자, 중성자가 생기게 되는 것입니다. 그래서 이 에너지, 즉 인플라톤의 위치에너지가 입자의 운동에너지로 바뀌었다가 식는 과정에서 지금 우주를 구성하는 물질이 생겨났다고 해서 이 에너지를 우주 물질의 기원이라고 이야기합니다. 이 시기를 흔히 하드론의 시대라고 부릅니다. 10^{-6}초에서 1초까지의 시기죠.

우주를 보다, 과거를 읽다

우주를 본다는 건 사실 과거를 보는 일입니다. 과거의 빛이 지금 우리 눈에 들어오는 거니까요. 지구에서도 마찬가지긴 하지만 워낙 짧은 거리다 보니 과거라기보다는 현재라는 느낌이 강합니다. 하지만 우주는 다릅니다. 워낙 서로 멀리 있으니까요. 우리가 지금 보는 달은 8초 전의 달이고, 태양은 8분 전의 태양입니다. 화성은 그것보다 조금 더 멀리 30분 전의 화성을 보는 셈인데, 그러면 일 광년 떨어진 걸 보면, 일 년 전의 것을 보는 셈이겠죠. 알파 센타우리 별이 지구에서 가장 가까운 별인데 4.37광년 떨어져 있습니다. 우리가 지금 망원경으로 보는 4.37년 전의 알파 센타우리 별의 모습인 셈입니다. 우리가 가장 멀리 볼 수 있는 건 137억 년 우주, 즉 137억 년 전의 빛입니다. 이렇게 과거의 우주를 보는 일을 입자적 지평선이라고 합니다. 또는 우주론적 지평선, 공변 지평선이라고도 하는데, 우주의 나이 동안 이동한 기본 입자를 관측할 수 있는 가장 먼 거리를 말합니다.

137억 년 전의 빛은 지금은 어디까지 멀어졌을까요? 공간으로는 469억 광년 만큼 멀어졌다고 이야기했습니다. 그런데 지금 우리는 469억 광년 멀리 있는 우주를 보는데, 그곳은 우리에게서 빛보다 빨리 멀어지고 있습니다. 그러면 우리보다 뒤에 태어난 사람들은 400억 광년 떨어진 우주밖에 못 보게 되겠죠. 즉 지금 우리가 보고 있는 건 이전보다 더 좁은 범위이고, 그다음 세대, 또 그다음 세대가 되면 점점 더 좁은 범위의 우주밖에 볼 수 없게 됩니다. 우리가 볼 수 있는 한계가 시간으로는 137억 광년이라고 정해져 버렸고, 범위는 점점 멀어져 사라지고 있다는 이야기입니다. 앞으로의 우주는 우리가 볼 수 있는 별들의 수가 점점 줄어들어 10억 년이 지나면 지금보다 훨씬 더 많이 줄어들게 될 겁니다. 별들이 점점 더 외로워지겠구나 생각하면 참 재미있습니다.

여러분은 점성술에 대해 들어 본 적이 있을 겁니다. 점성술은 2000년 전 메소포타미아에서 처음 등장했습니다. 점성술사는 내가 태어난 날짜에 따라 물병자리, 쌍둥이자리 등 별자리를 나누고 별자리마다 어느 행성의 영향을 받았는지 이야기하며 미래를 예측했습니다. 목성의 아이는 무슨 일을 하고, 화성의 아이는 어떤 성향을 가졌고 하는 식이죠. 하늘에 떠 있는 행성들이 서에서 동으로 가다가 갑자기 동에서 서로, 반대로 가는 것처럼 보일 때가 있는데 이를 역행운동이라고 합니다. 행성들이 태양을 중심으로 공전을 하는데 지구의 공전 속도가 화성이나 목성의 공전 속도보다 빠르다 보니, 지구에서 볼 때 화성이나 목성이 뒤처지는 것처럼 보이는 거죠. 지금 우리는 그 원인을 알고 있지만 과거에는 그걸 몰랐고 그래서 점성술은 바로 이 역행이라는 굉장히 짧은 시기에 바로 당신이 태어난 것이라며 큰 의미를 부여한 것입니다.

케플러라는 유명한 천문학자에 대해 들어 보셨나요? 케플러는 행성들이 원 궤도를 그리지 않고 타원 궤도를 그린다는 걸 처음 발견한 사람인데 이 사람도 점성술로 돈을 벌었다고 합니다. 고대 그리스에서 가장 유명한 천문학자는『알마게스트』라는 책을 쓴 프톨레마이오스인데, 이 사람 또한『테트라비블로스(사원四元의 서書)』라는 점성술 책을 쓴 걸로 유명합니다. 이 점성술 책은 거의 2000년 동안 이 분야의 교과서가 되었죠. 이들 모두 미래를 예측한다고 믿었

❖ ― 프톨레마이오스의 세계지도

던 점성술로 궁정에서 직위를 얻었습니다. 하지만 이제 우리는 별을 본다는 게 미래를 예측하는 게 아니라 과거를 보는 일이라는 사실을 알고 있습니다. 안드로메다는 300만 년 전, 딥스페이스 즉, 아주 멀리 있는 별은 100억 년 혹은 120억 년 전의 것을 본다는 뜻입니다. 그렇다면 과거를 본다는 건 우리에게 무슨 의미일까요?

천문학도 결국은 역사처럼 과거를 보는 행위에 다름 아닙니다. 이를 통해 미래에 우주가 어떤 식으로 움직일지에 대해서 알 수 있고, 우주 초기 네 개의 근본적인 힘이 어떠한 힘이었는지, 그 힘들이 어떻게 형성되었는지에 대한 영감을 얻을 수 있죠. 즉 우리는 과거를 봄으로써 지금의 우주를 움직이게끔 만든 힘의 근원들을 확인할 수 있게 됩니다. 그리고 우주를 구성하는 물질들, 즉 지금 우주는 약 75%의 수소와 25%의 헬륨, 그다음 1%가 채 안 되는 나머지 원소들로 이루어져 있는데, 이 원소들이 어느 시기에 어떤 식으로 만들어졌는지, 왜 물질과 반물질이 그렇게 불균등하게 만들어졌는지에 대해 알 수 있게 됩니다. 우리가 알고 있는 우주에 존재하는 물질과 에너지 중에서 수소와 헬륨으로 대표되는 이 물질들은 전체의 5%가 채 안 됩니다. 나머지 20%는 아직까지 밝혀지지 않은 암흑 물질로 구성되어 있고, 그다음 전체 에너지의 75% 역시 아직은 밝혀지지 않은 암흑 에너지로 이루어져 있습니다. 이 암흑 에너지와 암흑 물질이란 게 왜 필요한지, 왜 존재하는 것인지 지금은 관측할 수 없지만 이 물질들이 우주가 지금의 모양이 되는 데 굉장히 중요한 역할을 한 것만은 분명합니다. 그래서 과거를 본다는 건 그만큼 중요합니다.

　지금까지의 내용을 통해 우리는 우주를 본다는 건 과거를 보는 일이며, 우리가 볼 수 있는 한계는 우주의 처음에 주어졌다는 걸 알게 되었습니다. 여기에서 한계는 매우 다양한 의미일 수 있습니다. 앞서 플랑크 단위에 대해 이야기한 것 기억하시죠? 우리에게는 관측할 수 없는 시간과 공간이 있습니다. 137억 년 이전의 시간을 관측할 수 없고, 410억 광년보다 더 멀리 떨어져 있는 우주도 관측할 수가 없습니다. 영원히 불가능한 것, 이런 불가능이 존재한다는 것입니다. 20세기 초까지만 해도 과학자들은 17세기의 데카르트가 기계론적 우주관을 성립한 이후부터 지금까지, 기술이 발전하고 과학이 더 발전하면 지금 우리가 알 수 없는 사실들을 다 알 수 있게 될 거라고 생각했습니다. 우주 전체를 다 파악할 수 있게 되리라고 생각했던 것입니다. 이를 라플라스의 도깨비 또는 악마라고 부릅니다. 그러던 서양 과학의 역사가 이제 우리가 알 수 없는 것들이 존재한다는 사실을 인정하게 된 것입니다. 거대한 우주 속 인간과 과학의 한계에 대해 많은 생각을 갖게 하는 지점입니다.

2

80억 년 전, 별의 일생

암흑 시대의
종말

80억 년 전 태양계가 만들어지기 시작합니다. 45억 년 전 지구가 만들어지기 전에 이미 태양계가 어떤 성운으로부터 만들어지는 과정이 그보다 앞서 35억 년 전에 시작된 것입니다. 그걸 다 포함하면 약 80억 년 전에 태양계가 형성되기 시작하는데, 지금 우리는 그보다 더 앞선 시기를 살펴보는 것으로 태양계와 별의 이야기를 시작하려 합니다. 80억 년 전의 역사뿐 아니라 그 과정에서 별들이 어떻게 만들어지고 어떠한 별들이 있는지에 대한 이야기도 함께 나누게 될 겁니다.

앞서 잠시 언급했던 렙톤 시대, 1초에서 10초, 드디어 우리에게 친근한 초로 넘어왔습니다. 이전까지 우리는 10^{-34}초에서 10^{-1}초까지를 다뤘는데, 이제부터는 약 9초 사이에 일어난 일들, 즉 렙톤 시대의 일들에 대해 이야기하려고 합니다. 렙톤은 경입자라고도 이야기하는데, 말 그대로 가벼운 입자라는 뜻이겠죠. 중성자나 양성자 같은 무거운 입자와 달리 전자는 중성자나 양성자에 비해 질량이 2천 분의 1정도 밖에 안 되는 굉장히 가벼운 입자입니다. 그래서 렙톤이라는 이름이 붙었습니다. 하지만 전자 하나에 굳이 렙톤이라는 이름을 붙이지는 않았겠죠? 우리가 알고 있는 전자 외에도 타우 입자나 세타 입자, 그리고 전자 중성미자, 타우 중성미자, 세타 중성미자가 있고, 여기에 이 여섯 입자의 반反입자 여섯 개를 합친 것이 지금 현재까지 알려져 있는 렙톤의 종류입니다. 이 열두 개를 묶어서 렙톤이라고 부르는 거죠.

우주의 온도가 40억 K로 뜨거워지면 이전에 생긴 중성자와 양성자들이 반입자와 서로 쌍소멸을 하여 사라지고, 약 1만 개 중에 한 개 정도만 살아남게 됩니다. 그리고 전자와 같은 렙톤들이 마구 생성이 됩니다. 앞서 이야기한 것처럼 입자와 반입자가 같이 생성되죠. 즉 전자와 양전자가 같이 생성되고, 중성미자와 반중성미자가 같이 생성되고, 그러다 서로 다시 만나면 쌍소멸을 하고 빛이 됩니다. 그리고 그 과정에서 에너지가 나오는데 온도가 워낙 높다 보니 빛들끼리 부딪히면서 다시 전자를 만들어 냅니다. 소멸과 동시에 생성을 반복하는 시기죠. 그래서 우주 전체로 보면 양성자와 중성자는 이미 서로 쌍소멸을 해서 끝나고 더 이상 생성이 안 되는데 전자와 양전자는 계속 생성이 되는 단계로, 전자와 양전자 같은 렙톤이 중성자나 양성자보다 훨씬 더 많은 시기가 됩니다. 그래서 렙톤 시대라고 명명한 것입니다.

이런 과정에서도 우주는 계속 팽창합니다. 그러면서 온도는 점점 내려가고 온도가 내려가면 빛의 에너지가 줄어듭니다. 빛들끼리 충돌을 해도 전자를 만들기 힘든 온도까지 떨어지면 더 이상 새로운 렙톤과 반렙톤이 만들어지지 않는 시기가 옵니다. 그리고 기존에 만들어져 있던 전자와 양전자가 쌍소멸을 하며 사라지고, 지금 남아 있는 것과 같은 정도로만 남아 있게 됩니다. 그렇게 렙톤 시대가 마감이 되는데, 이때가 바로 우주가 만들어지고 10초 쯤 지났을 시점입니다. 그리고 이제 우주에 남은 건 빛뿐입니다. 이제 빛은 예전만큼 에너지를 가지고 있지 않기 때문에 더 이상 입자는 만들어지지 않고, 반대로 광자는 이전에 충분한 양이 만들어져 있기에 이제 광자 시대가 됩니다.

최초의 빅뱅부터 38만 년까지, 38만 년의 시간 동안 우주 전체가 빛으로 가득 차 있는 광자 시대가 열립니다. 그러고 나서 온도가 내려가는데, 3분에서 20분 사이, 온도는 뚝뚝 떨어져 10억 K가 됩니다. 10억 K의 온도에서는 원자핵이 만들어지는데 이때 만들어지는 원자핵이라는 게 수소와 헬륨밖에 없을 때죠. 수소는 원자핵에 달랑 양성자 한 개가 있는 것으로 중성자는 하나도 없습니다. 즉 양성자 하나가 떠 있으면 그것이 수소 원자핵이 되는 거죠. 어떤 책에서는 수소 이온($H+$)이라고도 하고, 또 다른 책에선 양성자라고 부르기도 합니다. 어쨌건 이 양성자는 말 그대로 수소의 원자핵이니까 이 양성자가 생성되었다는 이야기인 거죠. 그리고 온도가 10억 K가 되니 이제 양성자나 중성자가 더 이상 쿼크로 깨질 수 없게 되었습니다. 하지만 양성자와 중성자의 속도가 아주 빠른 시점이라 우주 공간을 종

횡무진 달리다가 서로 막 부딪치기도 하죠. 이 충돌이 적절한 방향으로 이루어지면 이들끼리 아주 가까워질 수 있고, 그러면 앞서 이야기했던 강력, 즉 강한 상호작용이 작동하는 거리 안으로 들어가게 됩니다. 그래서 헬륨이 만들어지는 거죠.

10억 K라는 온도는 지금 태양 중심보다도 백 배 이상 더 높은 온도입니다. 그래서 핵융합이 일어나게 되는 것이죠. 헬륨도 만들어지고, 극미량이지만 리튬, 베릴륨까지 생성이 됩니다. 이보다 더 많은 양성자가 합쳐지려면 더 강한 압력과 더 높은 온도가 필요한데, 당시 우주가 여기까지 만족하지 못하기 때문에 리튬과 베릴륨 정도만 생성이 되는 것이고, 이것들도 전체 우주 질량의 0.01%도 되지 않는 아주 극미량만 만들어집니다.

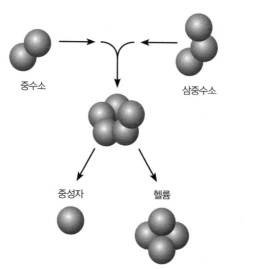

중수소   삼중수소

중성자   헬륨

❖ ― 헬륨을 만드는 핵융합

이 과정에서 우주는 점점 팽창하고 온도는 계속 떨어집니다. 온도가 떨어지면 충돌 속도가 충분하지 못해 더 이상 핵융합이 일어나지 않습니다. 이 시기에 우리가 알고 있는 우주에 존재하는 수소 원자와 헬륨 원자, 리튬 원자, 베릴륨 원자의 99.9999%가 만들어집니다. 지금의 우주도 이 비율에서 크게 벗어나지 않습니다. 우주 전체로 따지면 수소가 전체의 75%, 헬륨이 전체의 25% 정도 되는데, 이 비율이 바로 이 시기에 정해졌습니다.

우주는 계속 팽창하고 온도도 계속 내려갑니다. 전자 속도도 같이 느려져 드디어 원자핵이 전자를 붙들 수 있게 됩니다. 38만 년이 되는 시점에 비로소 최초의 원자가 탄생하는 거죠. 이때 수소, 헬륨, 리튬, 베릴륨까지 생성이 됩니다. 그리고 이제 우주 공간을 뛰어다니던 광자가 전자와 부딪치지 않고 뻗어 나가게 됩니다. 그 뻗어 나간 빛이 바로 우주배경복사입니다. 이제 더 이상 빛이 우주를 통과할 수 없는, 전자가 방해하는 시대가 끝났다고 해서 이 시기를 암흑시대의 종말이라고 이야기합니다.

드디어 만들어진 원자들은 중력에 의해 서서히 엮이게 됩니다. 이전까지는 전자와 원자핵이 서로 떨어져 있었고, 이런 상태에서는 중력보다 전기력이 더 큰 힘을 발휘했죠. 전기력에 의해 서로 밀고 당기다 보니 우주 전체로 무언가 모일 수 있는 중력이 작용할 겨를이 없었던 겁니다. 중력의 크기는 사실 전자기력 크기의 10억 분의 1도 안 됩니다. 그래서 전자기력이 남아 있는 한 우주는 중력이 작용할 수 없었습니다. 하지만 38만 년이 지나면서 원자가 생겼다는 이야기는 전기적으로 중성이 되었다, 즉 이제 남은 건 중력밖에 없다는 뜻이 됩니다. 그런데 중력이 38만 년 만에 생겼는데, 별이 만들어진 건 1억 5천만 년 전입니다. 그 사이에 거의 1억 4천 9백 62만 년이라는 시간의 공백이 있습니다. 중력이 워낙 약하니까, 아주 천천히 서로를 끌어당겼던 것입니다. 원자핵이라고 가만히 있는 게 아니라 이전까지 받았던 힘들 덕에 왔다 갔다 막 쏘다니다가 서로 충돌하고, 충돌하는 과정에서 중력이 작용해 처음에는 수소 두 개가 서로를 끌어당기고, 그다음 세 개가 끌어당기고 하는 과정을 반복하느라 우주 전체에서 별을 만들 수 있는 구름이 생기기까지 1억 년이 넘게 걸리게 된 것입니다.

별의 탄생

이렇게 최초의 별과 은하는 약 1억 년 전부터 10억 년 사이에 만들어집니다. 초기 생성되는 별 내부의 온도는 다시 올라가고 부분적인 플라즈마 상태가 됩니다. 그리고 별구름의 가운데는 수소가 이온화되는 재전리Reionization 과정, 즉 핵융합이 일어나기 직전의 단계가 됩니다. 이제 차츰 별들이 만들어지고, 그러는 과정에서도 우주는 계속해서 팽창합니다. 그리고 팽창의 속도가 빨라지는 것을 설명하기 위해 암흑 에너지라는 개념이 등장합니다.

암흑 에너지라는 개념은 20세기 후반이 되어서야 만들어집니다.

그전까지는 우주의 팽창 속도가 이렇게 빨라질 거라고 생각하지 못했습니다. 한 번 빨라진 다음에는 일정하게 커질 것이라고 예상했는데, 천문학자들이 멀리 있는 별들을 보면서 관측을 해 보니 팽창 속도는 20억 년 전보다는 10억 년 전이, 10억 년 전보다는 지금이 훨씬 빠릅니다. 바로 이렇게 팽창하는 속도가 빨라지는 것을 설명하기 위해 생겨난 것이 암흑 에너지라는 개념입니다.

우주에 빈 공간이 있으면 이 빈 공간 자체가 양자역학적으로 에너지를 만들어 냅니다. 이 에너지는 마이너스의 중력을 작용시키는데 마이너스 에너지는 공간을 자기로부터 밀쳐 내는 에너지입니다. 암흑 에너지는 우주가 팽창하도록 압력을 행사하는데 이 에너지는 갑자기 생겨난 것이 아니라 처음부터 암흑 에너지로 존재했습니다. 우주가 팽창하기 전에는 공간이 작으니까 공간의 크기에 비례하는 암흑 에너지가 큰 영향을 못 미쳤던 것뿐입니다. 우주가 팽창을 하면서 이 공간에 비례하는 암흑 에너지도 같이 증가하게 되었고, 그 시점이 이제 다른 에너지보다 우수해진 암흑 에너지에 의해 우주의 팽창 속도는 점점 더 빨라지게 되었습니다. 이것을 천문학자인 드 시터의 이름을 따서 드 시터De Sitter 식 팽창이라고 부릅니다.

이쯤에서 이런 생각이 듭니다. 앞으로도 우주는 계속 팽창할 테고, 우주가 팽창을 하면 당연히 공간이 커지는 거니까 암흑 에너지도 커질 테고, 암흑 에너지의 힘이 커지면 우주의 팽창 속도는 더 빨라질 테고, 그러면 다시 우주가 팽창하고 암흑 에너지가 커지고……. 여러분은 출산할 때 분비되는 옥시토신이라는 호르몬에 대해 들어 본 적 있나요? 이 호르몬은 골반을 넓히는 역할을 하는데 골반이 넓어지면서 난소에서는 계속 옥시토신을 자극하는 호르몬이 나오고 그러면 다시 호르몬에 의해 옥시토신이 나오고, 다시 호르몬이 나오고, 이 과정이 출산을 할 때까지 계속 반복되는데 이런 식의 피드백을 양성 피드백이라고 합니다. 이런 양성 피드백이 암흑 에너지와 우주 공간 사이에서도 일어나고 있다는 이야기입니다. 결론적으로 우주는 앞으로 더 빠르게 팽창을 할 테니 조만간 우리가 볼 수 있는 우주도 계속 줄어들 것이 아니냐는 것이죠. 물론 우리 살아생전은 아니고 10억 년 정도 지난 후의 이야기입니다. 하지만 이 부분에 대해서는 여전히 논란이 있습니다. 이론적으로는 암흑 에너지가 존재한다는 전제하에 여러 가지 설명이 가능했지만 아직 이 암흑 에너지에 대한 많은 부분이 밝혀지지 않은 상태이기 때문입니다. 2020년 들어 연세대학교 천문우주학과의 이영욱 교수는 암흑 에너지가 없다는 주장을 내놓기도 했습니다. 이 부분은 아직도 논쟁이 진행 중인 거죠.

이렇듯 복잡한 과정을 거치면서 지금의 우주의 모습이 얼추 만들어집니다. 아주 옛날 그리스 시대 때는 하늘에 떠 있는 건 달과 태양 말고는 다 별이었습니다. 그래서 이름도 항성, 행성이라고 붙였습니다. 망원경도 없이 맨눈으로 하늘을 보는데, 화성과 알파 센타우리 자리에 있는 별을 서로 성격이 다른 천체라고 구분할 수 없었겠죠? 오로지 움직이는 궤도만 보고 항상 일정한 궤도 아래서 움직이는 별은 항성, 우리말로는 붙박이 별이라고 하죠. 그리고 궤도를 이상하게 왔다 갔다 하면 행성, 즉 떠돌이 별이라고 불렀는데 결국 둘 다 별이라고 생각했던 거죠. 하지만 우리는 이제 하늘에 떠 있는 천체가 모두 별은 아니라는 사실을 알고 있습니다. 우리가 내리는 별의 정의는 '중심부에서 핵융합을 하는 천체'입니다. 나머지 핵융합을 하지 않는 지구, 목성, 그리고 달은 별이 아닙니다.

그렇다면 이렇게 핵융합을 하는 별들은 어떻게 만들어질까요? 바로 거대 분자 구름GMC 내부에서 만들어집니다. 수소와 헬륨으로 이루어진 분자 구름이 중력에 의해 조금씩 수축이 되고 그러면서 중력은 점점 더 커지는데 이를 중력 수축이라고 합니다. 중력 수축이 일어나면 점점 더 가까운 곳에 더 많은 입자들이 모이게 되고 이렇게 모이다 보면 입자와 입자 사이의 거리가 가까워져 중력이 커지고 결국 하나의 구를 이루는 중력 붕괴 단계에 이르게 됩니다. 중력 붕괴가 일어나면 구름은 가스 원반 형태가 되는데 매우 뜨거운 중심부에서 제트 기류를 뿜으며 끊임없이 회전하면서 수축합니다. 그리고 드디어 일정한 압력과 온도가 되면 핵융합이 이루어지고 항성이 만들어집니다.

4차 산업혁명과 관련해서 새로운 에너지로 이야기되고 있는 것 중 하나가 지구에서 핵융합을 만들어 보자는 시도입니다. 하지만 지구에서 핵융합을 만드는 건 쉬운 일이 아닙니다. 왜냐하면 태양은 1천만 도에서 핵융합을 하는데 태양이 워낙 크고 무겁다 보니 중심부의 압력이 어마어마하게 커서 1천만 도 정도에서도 핵융합이 일어납니다. 그런데 지구상에서는 태양만큼의 압력을 만들기가 힘듭니다. 비용도 많이 들고 기술적으로 난도도 높죠. 압력이 약한 만큼 온도를 더 높여 보자는 대안도 있었지만 그러려면 1억 도 정도가 되어야 합니다. 1억 도로 온도가 높아지면 내부의 운동에너지가 커지면서 컨트롤이 불가능할 정도로 속도가 빨라집니다. 또 이 정도 온도의 물질을 담을 수 있는 용기도 없습니다. 이를 자기장을 이용해 가두고 안전하게 핵융합을 한다는 것이 보통 어려운 일이 아닌 거죠. 현재 수준에서는 이 핵융합 발전 부분에서 우리나라가 매우 앞서 있지만, 현재 1억 도를 약 10초 정도 유지하는 수준입니다. 연구자들마다 의견이 다르긴 하지만 핵융합을 상업적으로 가능하게 만들 수 있는 시기는 최소한 2040년에서 길게는 21세기 말까지로 보기도 합니다.

별에 관한 별의별 이야기

다양한 항성의 종류를 나누는 기준은 항성이 만들어지는 장소도, 만들어질 때의 원소 구성도 아닙니다. 단지 얼마나 많은 질량을 가지고 있느냐로 종류가 나뉩니다. 질량이 작으면 수명이 길고, 질량이 크면 수명이 짧은데 제일 작은 질량을 가진 항성들을 갈색 왜성이라 부릅니다.

갈색 왜성의 질량은 태양의 10분의 1이 안 되는데 이렇게 되면 중심으로 모으는 힘, 즉 중력이 약합니다. 중력이 작으면 안으로 향하는 압력이 약하고 압력이 약하면 핵융합을 하기가 힘들어집니다. 핵융합이 아예 안 일어나는 건 아니고, 중수소만 핵융합을 할 수 있는데 그렇다면 중수소란 무엇일까요? 원자들은 원자핵의 양성자 개수에 따라 그 종류가 정해집니다. 수소는 하나, 헬륨은 둘, 리튬은 셋 이런 식이죠. 하지만 같은 원자라도 핵의 중성자 숫자가 다르면 성질이 조금 달라집니다. 양성자 수는 같고 중성자 수가 다른 것을 동위원소라고 합니다. 그리고 대부분의 원소들이 몇 가지의 동위원소를 가지고 있죠. 원래 우리가 알고 있는 수소는 양성자 하나만 가지고 있는데 알고 보니 양성자 하나에 중성자 하나가 있는 중수소가 있고, 양성자 하나에 중성자 두 개가 있는 삼중수소도 있더라는 거죠. 비율로 보면 양성자 하나만 있는 수소가 거의 대부분을 차지하고, 중수소와 삼중수소는 약 1%도 되지 않습니다. 중수소는 온도가 조금 낮고, 압력이 조금 약해도 핵융합을 할 수가 있기 때문에 우리가 핵융합 발전 연구를 할 때도 그냥 수소가 아니라 중수소를 이용합니다. 갈색 왜성의 경우 중력이 작아 중심부의 온도와 압력이 약해 중수소로는 핵융합을 하는데 그냥 수소로는 핵융합을 못합니다. 천 분의 일도 안 되는 중수소로만 잠깐 핵융합을 하고 끝나는 거죠. 중수소의 핵융합이 끝나고 나면 더 이상 할 게 없어서 천천히 식어 버립니다. 식으면서 내놓는 빛도 아주 적죠. 그래서 이름도 갈색 왜성이고 관찰하기도 힘듭니다.

처음에 천문학자들은 갈색 왜성이라는 것이 있는지도 몰랐습니다. 그러다가 계산을 해 보니 태양보다 작은 별이 있다면 망원경으로도 관측하기 힘들 거라는 생각이 든 거죠. 갈색 왜성은 잠깐 더웠다 식었으니까 온도가 낮고, 온도가 낮으면 별빛도 약하니 망원경으로도 쉽게 볼 수가 없겠죠. 그래도 열심히 찾아 본 결과 생각보다 많은 갈색 왜성을 발견하게 된 겁니다. 그래서 지금 현재로는 우주에 있는 별 중에서 가장 많은 양을 차지하는 게 갈색 왜성일 것이라고 추측합니다. 눈에는 잘 보이지 않고, 따라서 우리에게 아직 많이 알려지지 않은 그런 별들입니다.

❖ ─ 갈색 왜성
크기 비교

　다음으로는 태양 정도의 크기를 가지는 항성들인데, 질량이 태양의 0.08배부터 태양의 10배 정도 사이에 있는 별들입니다. 이 별들은 주계열성으로 오랜 시간을 보낸 뒤 적색 거성이 되었다가 행성상 성운이 되고, 백색 왜성을 거쳐 마지막으로 흑색 왜성이 됩니다.

주계열성 시기는 수소 핵융합을 하는 시기이고, 그 뒤로는 헬륨으로 핵융합을 하고 헬륨까지 다 태워 버리면 그때는 왜성이 되어 일생을 마치는 거죠. 거기까지 걸리는 시간이나 규모는 처음 질량이 얼마냐에 따라 결정됩니다.

지금 노란색으로 보이는 태양의 내부에서는 핵융합이 일어나고 있는데 수소가 모여 헬륨을 만들고 있습니다. 그러나 지금의 태양 내부의 온도로는 헬륨을 핵융합해서 산소나 리튬, 베릴륨을 만드는 핵융합을 할 수가 없습니다. 지금 우리 지구를 비추고 있는 태양은 현재 수소를 열심히 태우고 있는 중인데 수소가 다 타면 헬륨을 태울 온도가 안 되어 점점 식어 갑니다. 태양의 크기는 지구 반지름의 109배 정도이고, 부피는 약 100만 배 정도가 되는데 대부분이 수소로 이루어진 태양이 중력으로 수축하면 지금 지구 크기의 열 배에서 백 배까지 수축이 가능합니다. 이 수축을 막고 있는 것이 바로 태양 내부에서 나오는 열에너지입니다. 태양이 핵융합을 하면서 열에너지가 나오고, 열에너지가 태양 내부의 온도를 높이죠. 온도를 높인다는 건 내부에 있는 입자들이 아주 빠른 속도로 움직인다는 얘기인데, 빠른 속도로 움직이며 바깥으로 향하는 압력과 중력에 의해 안으로 향하는 압력이 서로 같은 힘을 이루기 때문에 태양의 크기는 유지됩니다. 그게 지금 태양의 크기가 지구의 백만 배 정도로 유지되는 이유입니다.

수소 핵융합이 다 끝나고 나면 어떻게 될까요? 내부에 핵융합이 없으니 온도는 점점 내려가고 그러면 바깥으로 향하는 압력이 줄어들어 중력에 의한 수축이 다시 시작됩니다. 그러면 태양은 점점 줄어들고, 줄어들다 보면 다시 중력에 의해 수축되는 힘 때문에 내부 온도는 다시 조금씩 높아져 지금의 태양 온도에 이릅니다. 하지만 그 정도로는 헬륨의 핵융합이 쉽게 일어나지 않는다고 이야기했죠? 그래서 중력에 의한 수축이 지속됩니다. 지금의 태양보다 훨씬 더 줄어드는 거죠. 온도도 더 올라갑니다. 그러다 마침내 압력과 온도가 헬륨이 핵융합을 하게 될 임계점에 도달하면 태양은 다시 불타오릅니다.

태양의 제일 안쪽에는 핵이 있고, 핵 바깥쪽에 복사층, 복사층 바깥에 대류층이 있습니다. 핵융합은 핵에서만 일어나기 때문에 수소는 그때까지도 별다른 변화 없이 그 바깥쪽에서 존재합니다. 그러다가 헬륨 핵융합으로 태양이 점점 더 뜨거워지면 바깥쪽 수소에서도 핵융합이 일어나기 시작합니다. 태양은 이제 점점 더 부풀어 올라 붉은색의 거대한 별이 됩니다. 이를 적색 거성이라고 부릅니다. 이 적색 거성의 단계는 헬륨이 핵융합을 끝낼 때까지 이루어집니다. 그런데 헬륨의 양은 수소보다 훨씬 적어서 훨씬 더 빠르게 끝이 납니다. 적색 거성이 되면 지구를 잡아먹을 정도까지 커지는데 물론 약 40억 년 정도 뒤의 일입니다. 태양이 부풀어 오르면서 처음에는 수성이 그리고 금성, 드디어 지구가 도는 궤도까지 커지죠. 지구는 붉은 태양 안으로 들어가면서 소멸합니다. 워낙 뜨겁기 때문에 지구에 존재하던 모든 물질들은 원자 단위로 분해되고 그 원자마저 원자핵과 전자로 분리되어 버리죠. 지구의 끝입니다. 헬륨이 사라지고 탄소와 산소, 염소, 아르곤 등이 핵융합의 결과물로 남게 됩니다. 그리고 다시 핵융합을 해야 하는데 헬륨 핵융합이 끝나면 아무리 수축을 해도 더 높은 온도를 만들지 못해 끝내 식어 버립니다. 태양 정도의 질량을 가진 별의 한계죠. 이렇게 커진 거성이 식으면서 수축을 하는데, 핵만 수축이 되고 바깥쪽에 있는 수소와 헬륨은 남아 성운을 만듭니다. 이것을 행성상 성운이라고 부릅니다. 행성이 있던 자리에 생긴 행성 모양의 성운이라는 뜻이죠.

행성상 성운이 되면서 주변에 있던 가스들은 점점 식어 가지만 아직은 시간이 있습니다. 이 가스들은 아직 뜨겁습니다. 아무리 그래도 태양의 잔해니까 꽤 오랜 시간 빛을 냅니다. 그래서 망원경으로 관측이 가능합니다. 내부에 있는 코어도 계속 뜨겁기 때문에 어느 정도 시기까지는 주변에 있는 가스에 열을 전달합니다. 하지만 시간을 이기는 건 없죠. 차츰 싸늘하게 식어 버리고 가스는 흩어지거나 온도가 내려가 원래 핵이었던 부분만 남게 됩니다. 코어만 남았으니 크기는 매우 작아서, 지구의 10배 혹은 지구 정도 크기 밖에 되지 않습니다. 이제 남은 핵은 더 이상 핵융합을 할 수 없습니다. 따라서 중력에 의한 수축이 다시 시작됩니다. 줄어들고 다시 줄어들어도 이제 더 이상 핵융합을 하진 못합니다. 그러나 아직 거성 단계에서 가지고 있던 에너지와 중력 수축에 의한 에너지로 아주 뜨거운 별입니다. 온도가 높기 때문에 하얗게 빛나죠. 백색 왜성이 됩니다. 크기는 이제 지구 정도밖에 되지 않지만 중력에 의한 수축으로 질량은 지구의 10배 정도가 됩니다. 하지만 아직 마지막 단계가 남아 있습니다. 뜨겁던 백색 왜성도 우주 공간으로 자신의 에너지를 계속 내보내면서 차츰 식어 갑니다. 드디어 가시광선을 내놓을 수 없을 만큼 식으면 망원경으로도 더 이상은 볼 수 없는 흑색 왜성이 됩니다. 태양계의 끝이죠.

태양보다 질량이 10배 이상 더 크면 상황이 다릅니다. 새로운 단계가 만들어지죠. 중력 수축과 중력 붕괴를 거쳐서 처음에 수소가 타고 헬륨을 만들고, 헬륨이 타서 산소 등을 만드는 데까지는 동일한 과정을 거칩니다. 다만 이 새로운 단계의 별들은 헬륨이 다 타서 더 이상 탈 게 없으면 다시 수축을 하는데 워낙 무거운 놈들이다 보니 수축을 하면서 쉽게 온도를 높일 수 있어 100억 도 가까이 온도가 올라갑니다. 물론 압력도 그만큼 높아지죠. 이런 온도와 압력에서는 탄소나 산소 등도 핵융합을 하는 게 가능해집니다. 생성물은 나트륨, 황, 규소 같은 더 무거운 원자핵들입니다.

첫 번째 갈색 왜성은 중수소 정도만 핵융합을 하고, 태양 정도 크기의 별들은 한 번 핵융합이 끝나면 중력 수축 한 번, 다음에 헬륨으로 다시 한 번 핵융합을 합니다. 그리고 더 큰 덩치의 별들은 헬륨 핵융합이 끝나고 나서 더 무거운 원소들로 핵융합을 하는데 이 과정을 계속 거치면 마지막으로 나오는 것이 철입니다. 왜 철이 마지막일까요? 별의 중심에서 핵융합이 지속적으로 이루어질 수 있는 것은 핵융합에 필요한 에너지보다 핵융합 과정에서 나오는 에너지가 더 많기 때문입니다. 그 나오는 에너지로 다시 핵융합을 할 힘을 얻는 거죠. 그런데 철의 경우 핵융합을 하는 데 들어가는 에너지보다 핵융합에서 나오는 에너지가 더 적습니다. 반응이 이어지질 못하는 거죠. 마치 물건을 파는데 원가보다 싸게 팔면 밑지다가 망하는 것과 마찬가지입니다. 그래서 수소에서 시작한 핵융합은 그 마지막에 철을 만드는 것으로 끝이 납니다.

철의 단계까지 핵융합이 끝나면 어떻게 될까요? 이제 별들의 세 번째 수축이 시작됩니다. 수축을 거듭하면 온도가 다시 올라가고 바깥으로 향하는 압력이 커집니다. 그렇게 되면 플라즈마, 즉 철 원자핵과 주변을 떠도는 전자가 서로 흩어지게 되는데, 그 엄청난 속도가 임계점에 도달하게 되면 단단한 철로 만들어진 항성 자체가 폭발해 버립니다. 문제는 코어 바깥에서도 헬륨과 수소가 함께 열을 받으며 수소가 헬륨이 되고 헬륨이 산소가 되는 핵융합을 시작하고 있었다는 겁니다. 결국 안팎으로 압력이 가해지며 폭발을 하게 되는데 이런 폭발하는 별을 초신성, 슈퍼노바Supernova라 부릅니다. 이 별은 폭발하는 과정에서 은하계 전체가 내는 빛에 맞먹는 엄청난 양의 빛을 냅니다. 보통의 은하가 대략 1000억 개 정도의 별을 포함하고 있으니 평소보다 1000억 배 더 밝은 빛을 내는 것이죠. 이런 초신성은 보통 몇 달 정도 빛을 내다 사라집니다. 일생에 한 번 보기도 힘든 대단한 광경입니다. 만약 우리 태양계 근처 몇백 광년 범위 내에서 이런 초신성이 나타난다면 낮에도 관찰이 가능할 겁니다. 하늘에 두 개의 태양이 뜨는 거죠. 베텔게우스라는 적색 거성이 현재로선 가장 유력한 후보입니다. 태양계에서 약 700광년 정도 떨어진 별로 이제 폭발이 임박했다고들 이야기합니다. 물론 여기서 임박했다는 것은 오늘 당장 폭발이 일어날 수도 혹은 약 10만 년 뒤에 일어날 수도 있다는 뜻입니다. 그 정도 사이에 언제든 일어날 수 있는 일이죠.

핵융합으로 만들 수 있는 원소는 철이 마지막이라고 했습니다. 그럼 철보다 무거운 원소들은 어떻게 만들어졌을까요? 바로 초신성 폭발을 통해서입니다. 초신성이 폭발할 때는 안에서 밖으로 향하는 압력과 밖에서 안으로 향하는 압력이 동시에 일어납니다. 이 힘에 의해 원자핵들이 무지막지한 속도로 서로 충돌하게 되죠. 이 충돌 과정에서 우라늄이나, 토륨, 라듐 같은 무거운 원소들이 만들어집니다. 지금 지구에 이런 것들이 존재한다는 이야기는 우리가 초신성이 폭발한 후에 생겨났다는 증거가 되겠죠. 그러나 철보다 무거운 원소가 꼭 초신성 폭발 때만 생기는 것은 아닙니다. 중성자별이나 블랙홀의 충돌 같은 과정에서도 형성되기도 하지요.

폭발한 후에는 모든 게 끝일까요? 코어는 여전히 남아 있습니다.

❖ ― 초신성 폭발 시 주변의 성간 먼지 형성 상상도

코어는 폭발 직후 다시 급속도로 수축하면서 주변의 물질을 흡수하기 시작합니다. 그러면서 질량이 작은 것들은 중성자별이 됩니다.

이런 초신성들은 코어만 하더라도 질량이 매우 큽니다. 그만큼 더 큰 중력이 작용하죠. 하지만 이미 구성 성분은 더 이상 핵융합을 할 수 없는 상태로 중력에 의해 줄어들고 또 줄어듭니다. 그러다 한계를 돌파하게 되면 전자와 원자핵이 아주 가까워지면서 전자와 양성자가 합해져 중성자가 됩니다. 이제 이 별에는 우리가 아는 원소는 없습니다. 오직 중성자만 존재할 뿐이죠. 그래서 이름이 중성자별입니다.

중성자별은 쌀알 하나 정도만 한 부피에 무려 1톤이 넘는 질량을 가집니다. 이렇게 밀도가 높으면 도는 속도도 상상할 수 없게 빠릅니다. 우리가 돌멩이를 줄에다 매달아서 돌리면 줄이 짧을수록 빨리 도는 것과 같은 이치죠. 중성자별이 빠르게 도는 과정에서 주변에 있는 수소 가스 등도 같이 빠르게 도는데 바로 그때 전자기파가 나오게 됩니다. 이 전자기파는 일종의 펄스pulse로 일정한 주기로 나왔다 안 나왔다를 반복하는데 이것을 관측하면 별이 얼마만큼 빨리 도는지 알 수 있고 별의 크기와 밀도를 알아낼 수 있습니다. 이를 통해 중성자별인지 아닌지를 판단할 수가 있는 것이죠.

중성자별보다 밀도가 더 커지면 어떻게 될까요? 이제 익숙하게 들었던 블랙홀이 만들어집니다. 블랙홀이 될지 중성자별이 될지도 결국 밀도가 결정하는데 애초에 별이 만들어질 때 얼마만큼의 질량을 가지고 시작을 했는지로 결정됩니다.

중성자별이 더 이상 붕괴를 하지 않는 것은 공간이 없어서가 아닙니다. 중성자는 쿼크 세 개로 이루어져 있는데 이 쿼크들 세 개를 합쳐 봤자 중성자 하나보다 훨씬 작습니다. 즉 중성자 내부의 대부분은 빈 공간이란 뜻이죠. 하지만 쿼크들이 서로 합쳐지지 않는 것은 중력에 대항하는 힘이 있기 때문입니다. 원래 쿼크들 사이에도 일정 거리보다 가까워질 수 없도록 반발력이 존재하는데 이를 가지고 버티는 것입니다. 별의 질량이 정말 엄청나게 커져 버리면 중력이 이를 상쇄해 버립니다. 이제 중성자마저 사라지는 거죠. 이렇게 중력 붕괴가 일어나면 별의 중력이 무지막지하게 커집니다. 결국 중력은 밀도에 의해 결정되기 때문입니다. 그런데 아인슈타인의 일반 상대성이론에 의하면 물질의 중력은 시공간을 휘게 만듭니다. 중력이 클수록 휘는 정도도 커지죠. 이 무지막지한 중력의 별은 시공간을 아주 크게 휘어서 자기 주변의 어떠한 물질도 이 공간을 벗어날 수 없게 합니다. 심지어 빛조차도 빠져나갈 수 없습니다. 이렇게 블랙홀이 만들어집니다.

태양보다 조금 작고 갈색 왜성보다 조금 큰 별들은 적색 왜성에서 바로 적색 거성이 되었다가 백색 왜성이 됩니다. 그리고 거기서 조금 더 커지면 청색 초거성 단계를 거치는데, 적색이 아니라 청색 초거성을 거친다는 건 온도가 더 높다는 뜻이겠죠. 지구에서 봤을 때 훨씬 더 높은 온도에서 폭발한다는 얘기입니다. 이 가운데 크기가 조금 작은 별은 적색 거성을 거쳤다가 다시 청색 거성을 거쳐 초신성이 됩니다. 우주에는 별이 태양처럼 혼자 있는 경우도 있지만,

별 두 개가 서로 마주보고 도는 별들도 있습니다. 이런 걸 쌍성계라고 하는데, 알파 센타우리도 바로 이런 쌍성계입니다. 이렇게 별 두 개가 함께 돌다가 일정한 시점이 되면 하나가 먼저 적색 거성이 되었다가 백색 왜성이 되고 그 후에 다른 하나가 적색 거성이 되는 경우가 있습니다. 두 개의 별 중 좀 더 큰 별이 먼저 적색 거성이 되었다가 백색 왜성이 되고 좀 더 작은 별은 나중에 적색 거성이 되는 거죠. 이렇게 함께 돌던 별들이 서로 부딪혀 나중에 또 다른 초거성을 만들기도 합니다. 그리고 아주 드물지만 삼성계도 있습니다. 서로 돌고 있는 세 개의 별인데, 이 세 개의 별이 돌다가 서로 부딪혀 충돌해서 초신성을 만들기도 합니다.

우주의 불균등 혹은 다양성에 관하여

별은 우주 전체에 균일하게 존재하는 게 아니라 어디에는 많이 모여 있고 또 어디에는 별로 없는 식으로 존재합니다. 그래서 이번에는 은하에 대해 살펴보려고 합니다. 우주에 있는 물질들은 크게 두 개로 나뉘는데 하나는 별이고, 하나는 별들 사이에 떠다니는 성간 물질입니다. 별들이 모인 것을 성단Star Cluster, 성간 물질들이 모인 것을 성운Nebula이라고 합니다. 성단은 크게 구상성단과 산개성단으로 나뉩니다.

구상성단은 붉은색의 동그란 공 모양입니다. 수천 개에서 수만 개의 별들이 모여 서로의 중력에 의해 둥근 공 모양을 이룹니다. 별을 만들 재료가 많았던 초기에 만들어진 오래된 별이라 별 표면의 온도가 낮아 붉은색을 띠는데 주로 은하 중심이나 헤일로에 위치합니다. 산개성단은 비교적 최근에 만들어진 별로 이루어진 성단으로 별의 온도가 높아 주로 푸른색으로 보입니다. 별을 만들 재료가 별로 없는 은하의 나선형 팔 부근에 주로 존재합니다. 재료가 얼마 없다 보니 별 자체도 수십 개에서 수백, 수천 정도로 서로간의 중력이 세지 않아 흩어져 있는 모양입니다.

성간 물질들이 모여 만들어진 성운은 스스로 빛을 내는 발광성운, 다른 천체의 빛을 반사하는 반사성운, 그리고 비교적 짙어서 뒤에서 오는 별의 빛을 차단하는 암흑성운, 이렇게 세 가지로 구분합니다. 은하는 이러한 성단과 성운으로 이루어집니다.

은하는 그 모양에 따라서 크게 나선형 은하, 타원 은하, 불규칙 은하로 나뉩니다. 그리고 나선형 은하는 다시 나선 은하와 막대 나선 은하로 나뉘죠. 우리 은하는 바로 이 막대 나선 은하입니다. 이것은 20세기 말에 밝혀진 것으로 그 이전 교과서에는 우리 은하가 정상 나선 은하라고 나와 있었습니다. 그래서 시험에도 항상 정상 은하의 예로 우리 은하가 등장하곤 했습니다. 하지만 정정이 된 후에는 막대가 없는 나선형 은하인 안드로메다가 정답이 되었죠.

재미있는 것은 사람은 항상 자기중심적으로 사고하는지라 우리 태양계가 소속된 은하가 가장 '정상'이라 생각해서 정상 나선 은하라는 이름을 붙였다는 겁니다. 영어로는 'Normaly spiral galaxy'

라고 부릅니다. 그런데 우리 은하가 정상 나선 은하가 아니라 막대 나선 은하인 것이 밝혀지자 조금 난처해졌던 거죠. 그렇다고 이미 붙은 '정상'이란 말을 떼긴 또 좀 그렇고 해서 그냥 놔둡니다. 사실 정상과 비정상이라는 구분 자체가 의미 없는 거죠.

날개 혹은 팔이 없는 은하는 타원 은하입니다. 그리고 나선 은하와 타원 은하 중간쯤에 해당하는 은하는 렌즈 은하라 불립니다. 나선 은하나 타원 은하는 모습 자체에서 대칭성이나 일정한 규칙성을 띠는데 그렇지 않은 은하들도 우주에는 많습니다. 이런 은하를 모두 불규칙 은하라 부릅니다. 대마젤란은하와 소마젤란은하가 우리 은하 주변의 대표적인 불규칙 은하입니다.

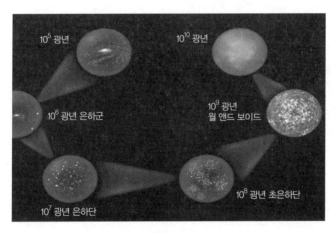

❖ — 우주 거대 구조

이 은하들도 우주에 골고루 퍼져 있지 않고 가까운 은하들끼리 짝을 지어 모입니다. 그렇게 몇 개, 몇십 개의 은하들이 모여 있는 걸 은하군이라고 부릅니다. 그림의 상단 왼쪽에 10^5광년Light Years이라고 적혀 있습니다. 10^5이면 10만 광년, 즉 우리 은하 크기 정도죠. 10^6이 되면 100만 광년으로, 우리 은하와 주변의 작은 은하들이 몇 개 모여 있는 은하군들입니다. 이 은하군들이 여러 개 모여서 은하단을 만듭니다. 그리고 1억 광년 넓이가 되면 슈퍼 갤럭시 클러스터 즉 초은하단이 나타납니다. 이것은 다시 모여 10^9이 됩니다. 10억 광년 정도의 크기가 되는 것인데 그림에서 보이는 동그라미 하나가 10억 광년으로, 흰색으로 보이는 은하단이나 초은하단 같은 것들이 모여서 우주의 큰 벽처럼 쌓여 있다고 하여 '월 앤드 보이드Walls and void'라고 부릅니다. 즉 우주에는 은하단들이 수천, 수만 개 모여 있는 곳이 있는가 하면 거의 빈 공간도 존재합니다. 여기서 진공에 대해 잠깐 이야기를 하자면, 진공은 보통 영어로 바쿰vacuum이라고 씁니다. 보온병은 바쿰 보틀, 진공청소기는 바쿰 클리너 혹은 바쿰 머신이라고 얘기를 하는데, 진공을 이야기하는 용어는 원래 두 가지가 있습니다. 하나는 바쿰이고 또 다른 하나가 바로 보이드입니다. 바쿰은 어느 특정한 범위 안에 입자가 몇 개나 있는가를 측정할 때 사용하고 그냥 아무것도 없다는 의미로 사용할 때는 보이드라는 표현을 쓰죠.

　다시 은하 이야기로 돌아가서, 이제 10^{10}, 즉 100억 광년이 됐습니다. 지금 우주의 스케일을 말해 주는 거죠. 이 단계에서는 초은하단들이 실처럼 꼬여서 모여 있다고 하여 필라멘트 구조 혹은 앞서 말한 월 앤드 보이드, 필라멘트 보이드라고 이야기하고, 이것을 통틀어 우주 거대 구조라고 말합니다. 그런데 이 필라멘트가 우주 전체에서 보면 매우 균일한 모습이고 보이드도 균일합니다. 가까이 보면 그렇지 않은데 우주 전체로 보면 그 비율이 항상 똑같다는 이야기입니다. 우주 전체가 어떻게 이렇게 균일할 수 있는지에 대한 의문이 들죠. 바로 앞서 이야기했던 인플레이션 우주론의 또 다른 근거가 되는 우주의 평탄성 이야기가 여기서 등장합니다.

필라멘트와 보이드의 비율이 우주의 어디에서도 똑같은 건 바로 염분비 일정의 법칙과 비슷합니다. 염분비 일정의 법칙에 따르면 해안가의 바닷물은 조금 덜 짜고 바다 한가운데는 더 짜지만 그 염분을 구성하는 염류들의 비율, 염화나트륨이나 염화마그네슘, 황산나트륨 등의 비율은 항상 같습니다. 이렇게 염분의 비가 일정한 이유는 이들이 서로 섞이기 때문이죠. 섞이지 않으면 일정할 수가 없습니다. 그런데 섞이지 않는 바다가 존재합니다. 바로 카스피해나 지중해의 경우인데 이곳은 염분비 일정의 법칙이 통하지 않습니다. 마찬가지로 우주도 서로 섞이지 않았다면 일정하지 않았을 텐데 일정하다는 건 최초의 우주에서 서로 섞였고 그 균일함이 사라지기 전에 매우 급속히 번져 나갔다는 이야기가 됩니다. 바로 이것이 인플레이션 우주론의 또 하나의 근거가 되는 것입니다.

지금 우리는 우주를 이루고 있는 대부분의 물질이 입자라는 사실을 알고 있습니다. 입자와 반입자의 불균등함에 의해 지금의 우주가 만들어졌죠. 바로 앞서 말한 별의 경우도 우주의 밀도가 동일했다면 서로가 당기는 힘이 완전히 똑같아져 우주의 어디에서도 별을 만들지 못했겠지만 어느 한 부분이 다른 부분보다 입자를 더 많이 가지고 있었기 때문에 그곳을 중심으로 전 우주가 별을 만들 수 있었습니다. 그렇다면 이런 불균등함은 왜 나타나는 걸까요?

우주가 아주 작았을 때, 그 안에서는 우리가 모르는 양자 요동 현상이라는 게 일어납니다. 입자와 반입자가 아무것도 없는 상태에서 만들어졌다가 또 갑자기 사라지는 현상이죠. 아주 짧은 시간 이 양자 요동 현상이 일어나는데 그 짧은 시간 동안 우주가 팽창을 해 버립니다. 그래서 전자와 양전자가 동시에 만들어지면 다시 부딪혀 사라져야 하는데 부딪힐 시간도 없이 우주에는 물질이 있는 곳과 없는 곳이 생겨나게 됩니다. 그렇게 최초의 작은 불균등이 우주 전체로 퍼져 나가 균일한 우주를 만들게 된 것입니다.

이러한 불균등에도 정도의 차이는 있습니다. 수소 입자의 개수 차이, 즉 밀도의 차이에 따라 별은 갈색 왜성이 되기도 하고, 백색 왜성이 되기도 하며, 블랙홀 혹은 중성자별이 되기도 합니다. 그리고 은하단이 만들어질 때도 여기에는 초은하단이 생기고 저기에는 안 생기고 하는 차이를 만들게 되죠. 어쩌면 이러한 불균등함이 우주의 다양성을 만들어 준 게 아닐까 하는 생각이 듭니다. 별의별 온갖 다양한 별들도 모두 우주 초기의 불균등함으로 인해 만들어졌다고 생각하면 불균등이 꼭 나쁜 것만은 아니라는 생각이 들기도 합니다. 물론 사람 사이의 불균등은 인류가 해결해야 할 숙제겠지만 말이죠.

3

태양계의
역사

지구가 태어나기 전

　지구가 만들어진 지는 약 45억 년, 태양계는 대략 80억 년 정도입니다. 지구가 태어나기 전에 약 35억 년의 태양계의 역사가 있었는데, 이제 그 35억 년의 이야기를 해 보려 합니다.

　지금의 태양계가 들어설 자리에 80억 년 전 초신성이 폭발합니다. 초신성은 굉장히 무거운 별이 폭발하면서 만들어진다고 이야기 했죠. 지구 크기의 약 20배에서 30배 이상 되는 별이면 맨 마지막 단계에서 초신성이 되어 폭발하는데, 그렇다면 우리는 80억 년 전에 초신성이 폭발했다는 걸 어떻게 알 수 있을까요? 바로 지금 지구에 존재하고 있는 원소를 통해서 알 수 있습니다.

　초기 우주에는 수소와 헬륨 정도만 존재했고 아주 적은 양의 리튬이나 베릴륨 같은 원소들이 있었습니다. 하지만 지금 지구상에는 그 외에도 굉장히 많은 원소들이 존재하죠. 지구 표면에 가장 많은 원소 여덟 가지는 산소, 규소, 알루미늄, 철, 칼슘, 나트륨, 칼륨, 마그네슘, 그리고 공기 중에 가장 많은 원소는 질소, 산소, 이산화탄소 등등, 지각 표면이 아닌 지구 전체로 이야기하면 산소가 가장 많고 그다음이 철입니다. 지금껏 우리가 지구상에서 찾아낸 원소 종류는 총 92개입니다. 주기율표에서 'U'라고 쓰여 있는 우라늄이라는 원소가 제일 무거운 원소인데, 지구에서 92번째로 발견되었습니다. 헬륨 같은 경우는 태양에서 먼저 발견된 다음 지구에도 있다는 걸 알게 되었습니다. 우라늄보다 더 뒤쪽에 있는 원소들은 핵 연구소의 입자 가속기에서 충돌 실험을 통해 만들어졌고 자연에 존재하는 것은 아닙니다. 어쨌거나 92개 정도의 원소가 지구상에서 발견되었습니다.

앞서 지구 정도 크기의 별들은 핵융합을 통해 탄소까지 만들 수 있고, 지구보다 10배에서 20배 정도 큰 별들은 3차 핵융합을 통해 철까지 만들 수 있다고 이야기했습니다. 철은 원자 번호가 20번 대입니다. 92번째 뒤의 원소들은 초신성이 폭발을 할 때 바깥쪽과 안쪽으로 폭발하는 힘에 의해서 만들어지는데 그 원소들이 지구에서 발견된다는 건 지구가 있던 태양계가 초신성이 한 번 폭발했던 자리에서 그 잔해로부터 만들어졌다고 추측할 수 있는 근거가 됩니다.

초신성이 폭발하며 생긴 자욱한 먼지들이 천천히 회전을 시작하면서 성운이 만들어집니다. 우주에 있는 먼지나 가스, 얼음 등이 모여 만들어진 것이 성운인데 태양이 만들어지기 전의 성운을 전前태양 성운이라고 부릅니다. 전태양 성운이 만들어지는 과정은 생각보다 매우 더딥니다. 처음에 아주 작은 입자들이 중력에 의해 서로 끌어당기며 성운을 만드는데 입자의 크기가 작다 보니 끌어당기는 힘이 약해 성운들 간에 사이가 좁혀지는 데 상당히 오랜 시간이 걸립니다. 그러다가 성운을 구성하는 입자들이 조금씩 커지기 시작하면 그때부터 크기가 조금씩 커지게 됩니다. 이렇게 만들어진 성운들은 안쪽에서 가만히 있는 게 아니라 회전 운동을 시작하는데 우주에 있는 모든 성운들이 태양계가 만들어질 때쯤 전부 다 회전 운동을 하게 됩니다.

태양이 있기 전에 성운의 지름은 7천에서 2만 천문단위Astronomical Unit 정도 됩니다. 우주는 워낙 커서 미터나 킬로미터 등 지구에서 쓰는 단위로는 이야기하기가 불편합니다. 그래서 등장한 것이 AU, 즉 천문단위인데, 지구에서 태양까지의 거리를 1AU로 잡습니다. 주로 태양계 내에서 쓰는 단위죠. 태양계를 넘어서면 이 AU마저 너무 작은 단위라 광년이나 파섹pasec이라는 단위를 씁니다. 어찌되었건 7천 AU라고 하면 굉장히 먼 거리가 되겠죠. 하지만 이 성운이 돈다고 해서 거기까지가 태양계인 건 아닙니다. 지름이 7천에서 2만 AU 정도가 되는 성운이라면 처음에 초신성이 폭발할 때 그 힘에 의해 아주 멀리 나간 부분은 중력이 미치지 못해 돌지 않고 있겠죠. 어쨌거나 계속 회전을 하던 성운의 잔재들은 점차 가운데로 모여 지금 태양이 있는 공간 정도에 전체 성운 질량의 99%가 몰리게 됩니다.

이제 모여 있는 99%는 스스로의 중력에 의해 압축되면서 압력이 점점 올라가고 이에 따라 온도도 점점 올라갑니다. 온도가 올라가면서 내부 입자들이 움직이는 속도가 빨라지는데 이로 인해 입자들끼리의 충돌도 더 거세게 그리고 더 자주 일어나게 됩니다. 이 충돌은 바깥으로 향하는 압력으로 작용해서 중력에 의한 수축 압력에 맞서지만 아직은 중력이 만든, 안으로 향하는 압력이 더 강합니다. 다만 수축하는 속도만 조금 줄일 뿐이죠. 온도가 올라가면서 이제 수소나 헬륨 원자핵은 더 이상 전자를 잡고 있을 수 없게 됩니다. 수소와 헬륨의 전자는 원자를 벗어나 자유롭게 움직이기 시작합니다. 이렇게 원자핵과 전자가 분리된 상태를 플라즈마 상태라고 합니다. 아주 좁은 영역에 비좁게 들어선 입자들은 계속 충돌하고 중력에 의한 압력으로 온도는 계속 올라갑니다. 드디어 중심의 온도가 1천만 도에 육박하면서 핵융합이 시작됩니다. 비로소 원시 태양이 태어나게 된 것입니다. 원시 태양은 지금 태양만큼의 압력을 가지고 있지 않았고 온도도 지금처럼 높지 않았습니다. 따라서 지금처럼 수소를 가지고 핵융합을 하는 게 아니라 중수소와 삼중수소를 가지고 핵융합을 시작했습니다.

어쨌건 원시 태양의 온도가 쭉쭉 올라가는 와중에 주변에 흩어져 있는 1%도 되지 않는 먼지들도 여기저기서 자기들끼리 뭉치기 시작합니다. 그리고 뭉친 녀석들끼리 충돌하면서 덩치를 키우고 그 커진 덩치로 다시 충돌하면서 또 덩치를 키워 성운 곳곳에 아주 작은 미微행성을 만듭니다. 수만 년에서 수십만 년에 걸쳐서 말이죠. 초신성이 폭발하기까지 별은 안쪽에서만 핵융합이 있었기 때문에 바깥쪽에는 원래 있던 수소와 헬륨이 그대로 남아 있었습니다. 따라서 초신성이 폭발한 잔해로 이루어진 성운도 주된 성분은 수소와 헬륨이었습니다. 그리고 핵융합을 통해 만들어진 철과 산소, 탄소와 같은 원소들이 조금 포함되어 있었고, 초신성 폭발 과정에서 생긴 우라늄 등도 아주 조금은 섞여 있었죠. 따라서 성운으로부터 만들어진 미행성 또한 수소와 헬륨이 주성분이었고 나머지들이 조금 있는 수준이었습니다. 그러나 이 나머지 철, 산소, 탄소 등은 서로간의 결합으로 고체 형태를 띠기 쉽지만 헬륨과 수소는 기체 상태로 있는 경우가 많았습니다. 그래서 미행성의 핵은 아주 적은 성분이었던 이들 원소들에 의해 만들어지고 그 주변에 수소와 헬륨이 기체 상태나 액체 상태로 존재하고 있었을 것으로 여겨집니다.

이렇게 수만 년 동안 미행성이 만들어지는 와중에도 태양의 온도는 점점 더 올라갑니다. 태양풍이라는 말을 들어 보셨나요? 온도가 올라가면서 뜨거워진 태양으로부터 수소 원자핵이나 헬륨의 원자핵 그리고 전자 등이 아주 빠른 속도로 빠져나가는 현상을 태양풍이라고 합니다. 이제 본격적으로 태양풍이 불기 시작합니다. 이들은 태양계 전체로 퍼져 나가면서 미행성의 바깥쪽, 즉 수소와 헬륨 등과 충돌하게 됩니다. 이 과정에서 미행성의 대기 대부분을 이루고 있던 수소와 헬륨은 바깥쪽으로 밀려납니다. 물론 태양과 가까운 쪽의 이야기죠. 태양으로부터의 거리가 아주 먼 목성이나 토성 등 바깥쪽은 이런 태양풍의 영향이 크게 미치지 못했습니다. 그래서 태양과 가까운 수성, 금성, 지구, 화성을 만들 안쪽 미행성들은 수소와 헬륨을 거의 잃어버리고 딱딱한 본체만 남는 형국이 되었죠. 이런 이유로 지구형 행성, 즉 수성, 금성, 지구, 화성은 암석형 행성이 되었고, 바깥쪽의 목성형 행성, 즉 목성, 토성, 천왕성, 해왕성은 가스형 행성이 되었습니다.

수성 금성 지구 화성　목성　　　토성　　천왕성 해왕성

❖ ― 태양계의 행성들

　　그와는 별개로 미행성끼리도 서로 충돌을 통해 점점 덩치를 키웁니다. 이 과정은 안쪽의 지구형 행성보다 바깥쪽 목성형 행성에서 먼저 일어납니다. 즉 목성이나 토성이 먼저 생기고 지구와 화성 등은 나중에 생겼다는 뜻이죠. 왜냐하면 바깥쪽은 원래 가지고 있던 수소와 헬륨을 그대로 유지한 데다 안쪽 미행성에서 빠져나온 수소와 헬륨까지 차지해서 상대적으로 덩치가 컸기 때문입니다. 그래서 중력도 더 세니 서로 잡아당기는 힘이 더 컸던 거죠.

태양으로부터 명왕성까지

원시 행성들은 시간이 지나면서 안정이 되어 태양계를 만드는데, 지금부터 태양계를 구성하고 있는 물질들은 어떤 게 있는지 알아보겠습니다. 가장 먼저 태양이 떠오르죠. 태양의 가장 가운데에는 핵, 영어로는 코어가 있습니다. 그 바로 바깥쪽에 복사층이 있고 복사층 바깥쪽에 대류층이 있습니다. 핵은 핵융합 활동이 일어나는 곳, 그래서 압력이 굉장히 높고 온도도 굉장히 높은 곳입니다. 핵융합이 일어나는 바깥쪽은 플라즈마 상태로, 즉 수소와 헬륨이 대부분이고 이들이 원자 상태로 있는 게 아니라 수소 원자핵 따로 헬륨 원자핵 따로 존재하고 원래는 이들 주변을 돌아야 할 전자도 따로 있습니다. 태양이 워낙 크다 보니 조밀하게 모여 있어 움직이기가 쉽지 않은 상태로, 바깥으로 전달되는 열은 전자기파의 형태를 띱니다. 이렇게 에너지가 전자기파의 형태로 전달되는 것을 복사라고 합니다.

한 물체에서 다른 물체로 열이 전달되는 방식은 세 가지가 있습니다. 복사, 전도, 대류가 그것이죠. 복사는 열이 빛의 형태로 전달되는 걸 말하는데, 온도가 낮을 때는 전파나 적외선이 주로 나오다가 어느 정도 온도가 올라가면 우리 눈에 보이는 가시광선의 형태로 나오고 더 높으면 가시광선보다 에너지가 더 큰 자외선 같은 형태로도 나옵니다. 우리의 체온은 대략 36도 정도인데 이 정도면 주로 적외선으로 복사에너지가 나옵니다. 볼에 손을 살짝 대고 조금 시간이 지나면 볼과 손바닥 사이가 따뜻해지는데 손바닥이 내는 적외선이 볼의 온도를 높이고 볼이 내는 적외선이 손바닥의 온도를 높이기 때문입니다.

태양의 핵에서 핵융합 과정 중에 만들어진 감마선은 핵과 복사층에 있는 전자와 양성자, 헬륨 원자핵 등의 입자에 부딪쳤다가 다시 방출되기를 반복합니다. 이때 입자에서 다시 빠져나오는 전자기파는 원래 흡수되었던 전자기파보다 파장이 긴, 즉 에너지가 좀 더 작은 전자기파의 형태로 나오면서 대신 그 양이 늘어납니다. 이런 과정을 수도 없이 거치면서 복사층을 빠져나옵니다.

복사층 바깥에는 압력이 낮아 입자들이 조금 자유롭게 움직일 수 있는 대류층이 있습니다. 이곳에서는 복사보다 대류를 통해 에너지가 전달됩니다. 즉 아래쪽의 뜨거운 플라즈마는 서로 부딪치며 부피가 커지고 밀도가 낮아져 위로 움직입니다. 반대로 위쪽의 조금 식은 플라즈마는 부피가 줄어들어 아래쪽으로 순환하게 되죠. 이 과정까지 모두 마치고 마침내 빛이 태양 표면으로 나오는 데는 1만 년이 걸립니다. 결국 우리가 보는 빛은 인류가 막 문명을 일으키기 시작할 때인 1만 년 전 태양의 핵에서 만들어진 빛이란 뜻입니다.

태양의 크기는 지구 반지름의 109배이고 질량은 지구의 약 30만 배입니다. 태양 자체가 태양계 전체 질량의 99.9%를 차지하고 나머지 행성들이 태양계의 1000분의 1을 형성합니다. 그중에서도 지구는 아주 작고, 나머지 대부분을 목성과 토성이 차지하고 있습니다. 즉 1000분의 1 중에서도 95% 정도를 목성과 토성이 차지하고 그 나머지를 또 다른 행성들이 차지하는 셈입니다.

예전에는 행성을 '항성 주위를 공전하는 천체'라고 정의했습니다. 그런데 지금은 그 정의가 바뀌었습니다. 왜냐하면 항성 주위를 공전하는 천체는 행성만 있는 게 아니라 혜성도 있고, 명왕성 같은 왜소 행성Dwarf planet도 있기 때문입니다. 지금 현재 우리 태양계의 행성은 수성, 금성, 지구, 화성, 목성, 토성, 천왕성, 해왕성, 이렇게 여덟 개입니다. 여덟 개 중에서 천왕성, 해왕성에만 '왕'자가 붙는데, 망원경으로밖에 관측이 안 되면 '왕'자가 붙고 맨눈으로 볼 수 있으면 안 붙습니다. 원래 그렇게 정한 것은 아니고 처음 맨눈으로 관찰할 수 있었던 행성들에는 서양에서 그리스 신화의 신들 이름인 머큐리, 비너스, 마르스, 주피터, 새턴(시간의 신 크로노스의 로마식 표현)을 붙였는데 동양에서도 이미 관찰하던 행성이니 서양의 이름이 들어오기 전에 수성, 금성, 화성, 목성, 토성의 이름을 붙였던 것이고, 이후에 발견된 행성에는 우라노스나 넵튠 등의 이름이 붙었는데 당시 동양에서는 망원경이 없어 그 이름 자체가 없었죠. 그래서 그 신들이 하늘의 왕, 바다의 왕에 해당되니 번역할 때 그렇게 이름을 붙이게 된 것입니다. 수성, 금성, 지구, 화성, 목성, 토성까지는 약 3천 년 전부터 관측을 해 왔던 행성들이고, 천왕성과 해왕성은 관측한 지 200년 정도밖에 안 된 행성들입니다. 여기서 행성을 구성하는 원소들이 무엇으로 이루어졌는지에 따라 행성을 목성 앞쪽과 뒤쪽, 즉 지구형 행성과 목성형 행성으로 나눕니다. 앞쪽의 행성들은 대부분 산소, 규소, 철 등 암석으로 되어 있고, 뒤쪽은 수소와 헬륨이 주성분이죠.

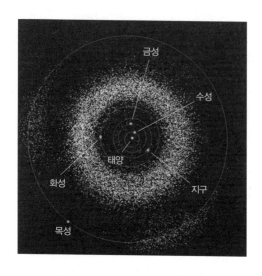

❖ ― 화성과 목성 사이 소행
성대

화성과 목성 사이 소행성대Asteroid belt가 있습니다. 소행성들이 집
중적으로 분포하는 곳인데 어떻게 만들어졌는지에 대해서는 아직도
의견이 분분합니다. 첫 번째 가설은 화성이나 목성 같은 행성이 있
었는데 자신과 비슷한 크기의 다른 행성과 부딪혀 깨진 후 다시 뭉
쳐지지 못하고 흩어져서 만들어졌다는 것이고, 두 번째는 태양계 바
깥쪽에서 여러 천체들이 끼어들며 중력이 큰 태양 쪽으로 가다가 태
양 다음으로 중력이 큰 목성의 영향으로 궤도가 교란되어 그들 중
일부가 태양과 목성의 중력이 똑같아지는 지점인 현재의 소행성대
에 머물게 되었다는 주장입니다.

그런데 이렇게 작고 어두운 소행성대는 어떻게 발견이 되었을까
요? 수성과 금성, 지구, 화성, 목성, 토성 등의 행성들과 태양 사이의
거리를 보니 일정한 비율이 있었습니다. 그런데 화성과 목성 사이는

좀 많이 떠 있는 거죠. 그래서 그 사이에 뭔가가 있을 것이라 생각하고 하늘을 뒤지다 보니 행성 하나가 있을 거라고 생각했던 궤도에서 작은 소행성들을 여러 개 발견하게 됩니다. 그리고 토성 밖에도 이 비율에 따라 또 다른 행성이 하나 있지 않을까 하고 살펴보다가 천왕성도 발견하게 되었죠. 사실은 그 이전에도 천왕성을 본 사람들은 있었는데 그게 행성인지 몰랐다가 나중에 확인된 것입니다. 그런데 이 천왕성을 발견하고 그 궤도를 보니 처음에 계산했던 궤도처럼 움직이는 게 아니라 궤도가 약간 일그러져 있었습니다. 그렇다면 천왕성 밖에 또 다른 행성이 있어서 중력의 영향을 받는 것이 아닐까 생각하고 다시 하늘을 뒤지다가 발견한 것이 바로 해왕성입니다. 그다음으로 발견한 것이 명왕성이 되겠죠. 이처럼 해왕성, 명왕성의 발견에는 뉴턴의 만유인력의 법칙이 적용되었습니다. 즉 제일 바깥 행성의 궤도가 이상한 걸 추측해 어느 정도 거리에 어느 정도 크기의 행성이 있으리라는 걸 추측한 것이죠.

그럼 태양에서부터 각 행성까지의 비율은 어떻게 될까요? 티티우스-보데법칙Titius-Bode's law에 따라 지구에서 태양까지의 거리를 1이라 잡으면 수성이 0.4, 금성이 0.7, 지구가 1.0, 화성이 1.6, 목성이 5.2, 토성이 10 등의 순서로 놓이는데, 화성과 목성 사이 2.8 정도 되는 지점에서 소행성대를 찾았고, 토성 뒤 19.6 정도 되는 지점에서 찾은 것이 천왕성이었죠. 하지만 이 티티우스-보데법칙은 뉴턴의 역학으로부터 증명된 것은 아닙니다. 순전히 행성들의 궤도를 가지고 계산을 해 보니 그랬다는 거죠. 그래서 어떤 과학자들은 이를 일종의 우연이라고 여기기도 합니다. 다른 쪽에서는 뭔가 우리가 모르는 배후의 원리가 있을 거라고 이야기하기도 하죠.

우주가 넓어지다

지구형 행성은 위성이 없거나 한두 개 정도 있고, 목성형 행성은 위성을 많이 가지고 있습니다. 화성 같은 경우 굉장히 작은 위성 두 개가 있는데 이름이 포보스와 데이모스입니다. 화성은 영어로 마르스Mars인데, 그리스 신화에 나오는 전쟁의 신입니다. 이 전쟁의 신을 따라다니는 쌍둥이 포보스와 데이모스에서 그 이름을 따온 것입니다. 목성의 위성은 이오, 유로파, 가니메데, 칼리스토, 이렇게 네 개가 있는데 이를 갈릴레이 위성이라고 부릅니다. 갈릴레이가 처음 망원경을 가지고 발견한 지구 이외의 다른 행성 네 개가 이것이었기 때문입니다. 이오, 유로파는 여성스러운 이름이고, 가니메데와 칼리스토는 남성스럽게 느껴지죠? 실제로 제우스와 사랑을 나눈 여성과 남성의 이름에서 따온 것입니다. 다음으로 토성의 위성인 타이탄은 달이나 수성보다도 큰 위성으로 알려져 있습니다. 목성이나 토성의 위성은 70~80개에 이르고, 지금도 2~3년마다 몇 개씩 발견이 되고 있습니다.

다음은 화살 같은 꼬리 때문에 우리말로는 살별이라고도 불리는 혜성입니다. 혜성의 꼬리는 주로 기체와 먼지로 이루어져 있습니다.

❖ ─ 핼리 혜성

혜성은 크게 두 종류로 나뉘는데 하나는 주기가 있는 혜성, 즉 일정한 주기로 찾아오는 혜성이고, 다른 하나는 포물선이나 쌍곡선을 그리는 혜성들로 한 번 오면 다시는 오지 않는 혜성들입니다.

우리가 살아생전에 볼 수 있는 혜성은 단주기 혜성인데 가장 유명한 것이 72년의 주기를 갖는 핼리 혜성입니다. 살아서 한 번, 운이 아주 좋다면 두 번 볼 수 있죠. 장주기 혜성은 이보다 주기가 훨씬 길어 최소한 몇백 년에 한 번씩 찾아오는 혜성들입니다. 일생 동안 한 번도 보지 못할 녀석들이죠. 주기가 아주 긴 건 몇천 년에 한 번 오는 것도 있습니다.

크기가 작은 소행성들은 두 종류로 나뉘는데 하나는 모양이 불규칙한 행성이고 다른 하나는 크기는 작지만 동그란 행성입니다. 지구의 초기에 온도가 굉장히 높아져서 지구 전체가 녹아 지구 표면이 완전히 마그마로 들끓던 시기가 있습니다. 흔히 마그마의 바다로 불리던 시기인데 지구 전체가 액체 상태니 중력의 영향을 받아 지금처럼 동그란 공 모양이 되었던 때입니다.

왜소 행성 중에서도 동그란 모양을 가진 것들은 예전에 마그마의 바다를 거친 행성들입니다. 모양이 불규칙한 행성들은 크기가 너무 작아서 중력이 마그마의 바다를 이룰 때까지 가지 못했다는 의미이므로 50억 년 전 태양계를 구성하는 물질들을 연구하는 데 굉장히 중요한 자료가 됩니다.

동그란 모양을 가진 왜소 행성 중 첫 번째로 발견된 것이 바로 화성과 목성 사이에 있는 세레스입니다. 어린 왕자 읽어 보셨죠? 어린 왕자가 사는 B612라는 소행성은 어린 왕자가 걸어서 한 바퀴를 도는 데 얼마 걸리지도 않을 만큼 작은 행성입니다. 원래는 이렇게 작으면 마그마의 바다가 만들어지지 않습니다. 모양도 불규칙하겠죠. 최소한 달 크기의 3분의 1정도는 되어야 동그란 모양을 만드는 마그마의 바다를 거칠 수 있습니다. 어쨌든 안쪽에 있는 소행성대에서 발견된 왜소 행성은 세레스 정도입니다. 나머지 왜소 행성들은 명왕성 주변에서 주로 발견이 됩니다. 바로 그곳을 여러 개의 왜소 행성들과 혜성들이 있는 벨트라고 해서 카이퍼 벨트라 부릅니다.

앞서 이야기한 단주기 혜성들이 만들어지는 곳이 바로 이 카이퍼 벨트입니다. 20세기 중반쯤 장주기 혜성들이 모이는 곳, 즉 카이

오르트 구름대
5,000~100,000 A.U.

태양

카이퍼 벨트

❖ ― 오르트 구름대

퍼 벨트 바깥쪽에 있는 오르트 구름대가 발견됩니다. 앞서 초신성
이 폭발하고 난 다음 잔해들이 성운을 만들 때 성운 바깥쪽에 돌지
않고 그대로 남아 있던 먼지들이 있었다고 이야기했죠? 성운 바깥
쪽에 있다 보니 성운처럼 디스크 형태가 되질 않고 공 모양으로 흩
어져 있습니다. 이 구름대에도 작은 소행성들이 있고, 일부는 중력
에 의해 혜성이 됩니다. 그래서 장주기 혜성과 단주기 혜성은 방향
이 다릅니다. 단주기 혜성들은 행성들이 도는 궤도면과 비슷한 방향
에서 움직이지만, 장주기 혜성들은 그런 경향 없이 아무 방향으로나
움직입니다. 그리고 워낙 멀리서부터 오다 보니 주기도 아주 길 수
밖에 없죠.

아주 옛날 14~15세기에는 지구와 태양 사이의 거리를 1로 보
았을 때 그것의 약 15배에서 20배 정도가 전체 우주의 크기일 거라

고 생각했습니다. 그러다가 지동설이 받아들여지게 되죠. 코페르니쿠스가 지동설을 주장하고 갈릴레이가 확실하게 증명을 해 버리는 순간 지구가 돌기 시작합니다.

그런데 지구가 태양 주위를 돌면 연주시차가 나타나야 합니다. 가령 무대에서 가수가 노래를 하고 있다고 생각해 보죠. 오른쪽에 있는 관객들이 보기엔 무대 중앙의 가수가 왼쪽 뒤의 베이스 연주자와 같은 방향에서 보입니다. 반대로 왼쪽에 있는 관객들은 가수가 오른쪽 뒤의 건반 연주자와 같은 방향에 있는 것처럼 보이겠죠. 이처럼 지구에서 먼 별을 보면 지구가 태양의 어디에 있느냐에 따라 별이 있는 방향이 달라져야 합니다. 지구가 태양 주위를 원을 그리며 도니, 지구에서 볼 땐 별이 원을 그리며 도는 것처럼 보여야 하는 것이죠. 그런데 당시까지 어떤 별에서도 연주시차가 발견되질 않았습니다. 별이 너무 멀리 있기 때문에 그 차이가 맨눈으로는 보이지 않았던 것입니다.

빛의 밝기는 관찰하는 사람으로부터 광원까지의 거리의 제곱에 반비례합니다. 즉 거리가 2배 멀어지면 빛의 밝기가 4분의 1이 되고, 10배 멀어지면 100분의 1이 되고, 1만 배 멀어지면 빛의 밝기가 1조 분의 1로 줄어듭니다. 과거 사람들도 지구로부터 별까지의 거리가 지구로부터 태양까지 거리의 100만 배라고 하면 별의 밝기가 100만 제곱 분의 1의 크기로 우리에게 보인다는 사실을 연주시차를 통해 알고 있었습니다. 이것을 100만의 제곱 배로 밝혀 놓으면 지금 태양의 밝기와 비슷하게 되겠죠. 그래서 17세기의 천문학자들은 멀리 있는 별도 모두 태양과 같은 밝기의 별이라고 주장하게 됩니다. 지금 우리가 알고 있는 것처럼 별도 항성이고 태양도 항성이라고 생각한 것이죠.

태양이나 별이나 똑같다면 태양 주변에 행성이 도는 것처럼 저 별들마다도 각각의 행성이 있는 게 자연스럽겠죠. 갑자기 우주의 크기가 어마어마하게 확장됩니다. 처음에는 지구에서 태양까지 거리의 15배에서 20배 정도라고 생각했는데 갑자기 1만 배, 10만 배쯤 멀어지는 거죠. 그러면서 그 모든 태양계를 도는 행성에도 지구처럼 지능을 가진 생명체가 살고 있지 않을까 하는 생각을 하게 됩니다. 맨 처음 이런 주장을 했던 사람이 바로 조르다노 브루노입니다. 갈릴레이보다 30년 앞선 사람인데 다른 태양계에도 생명체가 살고 있을 거라는 주장을 굽히지 않아 교황청의 미움을 샀고 결국 산 채로 화형에 처해졌습니다.

어쨌든 우주의 크기가 비약적으로 늘어나는데 그다음 망원경을 가지고 발견한 것이 우라노스, 즉 천왕성이고 다음으로 명왕성을 발견하게 됩니다. 명왕성을 발견하고 나서 거리를 재 봤더니 50AU였죠. 태양에서 지구까지 거리의 50배였던 겁니다. 태양계의 크기가 토성까지라고 생각했을 때는 지구부터 태양까지 거리의 10배였는데, 이제 50배가 되었으니 5배 커진 게 아니라 공간으로 치면 5^3이니까 125배 커진 셈이죠. 그러면서 태양계만 커지는 게 아니라 나머지 별들이 가지고 있을 태양계도 똑같이 커집니다. 우주 자체가 자꾸만 확장이 되는 거죠. 그러다가 20세기 초반 들어 오르트 구름대도 확인하게 됩니다. 오르트 구름대의 끝이 1광년 정도이니 태양계의 길이는 1광년 정도가 되는 셈이죠. 이제 우리가 알고 있던 상식에서 상당히 벗어나기 시작합니다.

대단치 않은, 특별한 존재

「인터스텔라」라는 제목의 영화 기억하세요? 여기서 '인터'는 '상호간의'라는 뜻입니다. '월드'라는 단어는 세계 전체를 의미하고, '인터내셔널'은 나라와 나라 사이의 관계를 이야기할 때 주로 쓰입니다. 마찬가지로 한 태양계와 다른 태양계 사이의 공간을 이야기할 때 인터스텔라라는 표현을 씁니다. 우리 태양계와 다른 별의 태양계 사이의 공간을 인터스텔라 스페이스라고 하는데, 보통 카이퍼 벨트의 바깥쪽을 인터스텔라 스페이스라고 말합니다. 미국의 무인 우주 탐사선인 보이저 호가 명왕성을 관측하고 바깥으로 넘어갔는데 이를 흔히 인터스텔라 스페이스로 갔다, 태양계를 벗어났다고 얘기하죠.

태양계에서 가장 가까운 별은 알파 센타우리입니다. 별 두 개가 붙어 있는 이중성인데, 이 알파 센타우리까지의 거리가 얼마냐 하면 약 3.26광년입니다. 알파 센타우리도 1광년 정도의 자기 구역이 있고 우리도 1광년 정도의 구역을 가지고 있으니 그 사이는 1.26광년밖에 안 되는 셈이죠. 그래서 생각보다 태양계와 태양계 사이가 굉장히 가깝다는 걸 알게 되었습니다.

태양계의 크기가 커지면서 이제 우리는 우주 자체가 얼마나 커질 수 있는지에 대해 생각하게 됩니다. 아주 옛날 사람들이 생각했던 태양계는 지구를 중심으로 지구 밖 제일 가까운 쪽에 수성, 그다음 금성, 태양, 화성, 목성, 토성까지였습니다. 그런데 지동설을 주장했던 옛날 사람들이 수성이 지구와 가까이 있었던 건 어떻게 알았을까요? 돌에 실을 매달아 돌려 보면 길이가 짧을수록 빨리 돕니다. 이처럼 하늘에 떠 있는 별들도 원운동을 하는데 관찰을 해 보니 수성의 주기가 가장 짧았던 겁니다. 지구는 1년이 365일인데, 금성은 200일 정도, 수성은 100일 정도, 화성은 700일 이런 식이었던 거죠.

하지만 수성보다 주기가 더 짧은 게 있습니다. 바로 달이죠. 달이 지구를 도는 데는 29.5일밖에 걸리지 않습니다. 그래서 옛날 사람들은 지구를 중심으로 우주를 생각할 때 제일 안쪽 궤도는 달이 돌고, 그 바깥 궤도를 수성이 돌고, 그 바깥을 금성, 화성, 목성, 토성, 이렇게 돈다고 생각하고, 그 바깥에 있는 별들은 따로 돌지 않는다고 생각했습니다. 그러다가 지구 중심설에서 태양 중심설로, 즉 천동설에서 지동설로 바뀌면서 우주가 비약적으로 커지게 됩니다.

19세기까지는 우리 은하가 그냥 우주 그 자체라고 생각했지만 20세기 초가 되면서 우리는 우리 은하가 따로 있고 안드로메다은하가 따로 있다는 걸 알게 되었습니다. 연주시차를 이용해 봤자 지구를 중심으로 은하계를 벗어난 별의 거리까지는 잴 수 없었기 때문에 5만 광년 정도가 우주의 크기일 거라고 생각했는데 그러다가 적색편이와 맥동성을 발견하게 되고, 적색편이의 변광성을 가지고 허블

이 측정을 해 보니 400만 광년 떨어져 있는 곳에 안드로메다가 있었던 겁니다. 그렇게 20세기 초에 우주의 크기는 5만 광년에서 400만 광년이 됩니다.

안드로메다은하는 우리 은하에서 굉장히 가까운 거리에 있습니다. 우리 은하에서 가장 가까운 거리에 있는 은하 다섯 개를 꼽자면 그중 하나가 안드로메다입니다. 문제는 안드로메다보다 100배 정도 멀리 있는 은하들은 변광성을 구분할 수가 없다는 것입니다. 왜냐하면 너무 멀리 있기 때문에 은하 전체의 빛이 한꺼번에 들어와 그 중에서 별을 구분하기가 힘든 것입니다. 400만 광년 떨어진 안드로메다는 20세기 초에 발달된 망원경으로 관측이 가능했지만 그보다 100배쯤 더 떨어진 천체는 관측이 불가능했습니다. 그러다가 은하 자체의 적색편이를 관측할 수 있는 방법이 개발됩니다. 별의 적색편이가 아니라 은하 전체의 적색편이를 관측하는데, 은하 자체가 어느 정도 밝기인지를 가지고 그 규모를 계산하는 것입니다. 이 정도 규모라면 이 정도 밝기는 되어야 하는데 그보다 밝지 않다면 굉장히 멀리 있는 것이라는 식이죠.

이 방법으로 관측을 해 보니 1억 광년, 2억 광년, 5억 광년 멀리 떨어져 있는 별들이 나타나기 시작합니다. 앞서 언급했던 빅뱅 이론이 만들어지고, 그러면서 우주의 크기가 1, 2억 광년이 아닌 10억, 20억, 200억 광년이 될 수도 있겠다는 생각을 하게 되죠. 그리고 1990년대에 허블 우주 망원경이 만들어집니다. 이전까지는 지구에서 망원경으로 천체를 관측했는데 이제는 인공위성처럼 지구 궤도

위에 올려서 천체를 관측하게 된 것입니다. 처음에는 안드로메다은 하, 우리 은하의 중심 등을 보다가 지구로부터 가장 멀리 떨어져 있는 우주를 찾아보자는 계획을 세우게 됩니다. 이를 허블의 딥 스페이스라고 부릅니다. 허블의 딥 스페이스로 관측을 한 결과, 130억 광년 떨어진 은하를 발견하게 되었고, 따라서 우주의 크기는 130억 광년까지 확장됩니다.

고대 그리스의 메소포타미아 때부터 우리 인간은 꾸준히 천체를 관측해 왔습니다. 그리고 지구를 포함한 우주의 크기에 대해 생각했죠. 그런데 옛날 사람들은 왜 우주의 크기를 작다고 가정했을까요? 고대 그리스에도 우리처럼 우주의 크기가 아주 클 것이라고 생각한 사람이 있었습니다. 지동설을 처음 주장한 아리스타르코스Aristarchos 라는 천문학자입니다. 하지만 사람들은 연주시차가 발견되지 않는다는 이유로 지동설을 부정했습니다. 지구가 중심이 아니라면 별이 아주 멀리 떨어져 있어야 하는데 그렇다면 그 텅 빈 공간은 왜 만들어진 것이냐, 목적이 무엇이냐를 따지게 되는 것이죠. 과학은 우주, 지구, 사람 모두 누군가의 어떤 목적에 의해 만들어진 것이 아닌 우연에 의해 만들어진 것이라고 전제합니다. 하지만 옛날 사람들은 목적론적 세계관을 가지고 있었습니다. 우주가 만들어진 목적이 있고, 지구가 만들어진 목적이 있고, 우리 인간이 만들어진 목적이 있고. 이렇게 생각하다 보니 텅 빈 공간은 아무 의미도 목적도 없는 것이 되어 버립니다. 그렇게 당시 주류를 이루고 있던 천문학자들과 철학자들이 아리스타르코스를 묵살해 버렸죠.

천문학은 우리에게 지구가 우주의 중심이 아니라는 걸 증명하고 우주 전체로 봤을 때 지구는 특별할 게 없는 하나의 행성이라는 것, 태양도 그저 여러 별들 중 하나이고, 우리 은하도 흔한 여러 은하 중 하나라는 사실을 알려줍니다. 20세기 말에는 우리 은하에 별이 약 2천억 개, 우주 전체에 은하가 약 1천억 개 정도 있다고 관측되었습니다. 그래서 우주 전체로 치면 별의 개수가 2천억 곱하기 1천억 정도만큼 있을 거라고 이야기했죠. 21세기가 된 지금, 우주에는 별이 1조 개나 있는 은하도 있고, 6천억 개 있는 은하도 관측됩니다. 은하의 개수도 샅샅이 뒤지다 보니 5천억 개, 1조 개, 이렇게 점점 늘어나기 시작했습니다. 지구가 점점 작게 느껴지죠? 우리가 천문학을 배우는 이유는 여러 가지가 있겠지만 그중 하나는 인간과 지구와 태양과 우리 은하가 우주에서 결코 대단한 존재가 아니라는 사실을 깨닫는 데 있습니다. 우리가 주인공인 줄 알았는데 그렇지 않아서 속상한가요? 우주라는 공간 안에 있는 모두는 서로 같은 존재입니다. 모두가 주인공이라고 할 수도 있겠죠. 그중에서도 스스로 별로 대단치 않은 존재란 걸 깨달은 아주 소수 중 하나가 우리들이니 그런 의미에서는 인간 또한 매우 특별한 존재일 수 있겠습니다.

45억 년 전,
지구의 탄생

4

원시 지구,
지각과 바다의 탄생

　45억 년 전, 지구가 탄생합니다. 원시 지구의 크기는 지금 크기의 약 10분의 1 정도였습니다. 원시 지구가 시작될 때 지금의 소행성 크기보다 작은 행성 수천 개가 지구와 같은 궤도에 있었는데 그런 행성들을 미행성이라고 이야기합니다. 미행성이 처음 만들어질 때 원래 태양계가 있던 자리에 가장 많이 있던 성분이 수소와 헬륨이었기 때문에 이 미행성에도 수소와 헬륨이 대부분이었습니다. 문제는 지구가 태양에서 너무 가까웠다는 거죠.

　태양으로부터는 빛만 나오는 게 아니라 태양풍이라는 게 부는데 이 태양풍은 주로 수소의 원자핵, 즉 양성자라든가 헬륨의 원자핵, 전자 등으로 이루어져 있으며 태양으로부터 우주로 뻗어 나가는 과정에서 지구 주변에 있던 수소, 헬륨과 부딪힙니다. 그리고 부딪힌 힘에 의해 지구의 자리에 있던 수소와 헬륨 대부분이 목성과 토성이 있는 자리까지 밀려 나가게 됩니다. 그러다가 목성과 토성 대기의 일부가 되는데 그래서 지금 지구가 있던 자리 주변에는 딱딱한 돌로 된 부분들만 남게 됩니다. 이것이 모여서 약 45억 6천만 년 전 지구가 탄생하게 됩니다. 그리고 원시 지구는 지금의 0.1배에서 0.4배까지 커지면서 중력에 의한 압축 에너지로 인해 생기는 열과 소행성이 충돌하면서 발생한 열에너지가 더해져 4천 도까지 온도가 올라가 결국 지구 전체가 완전히 녹아 버리게 됩니다. 이 시기를 바로 마그마의 바다라고 부릅니다. 지구보다 크기가 작은 달이 동그란 모양을 갖는 것도, 수성이나 화성, 금성이 동그란 것도 역시 마그마의 바다 시기를 겪었기 때문입니다.

❖ — 마그마의 바다

이렇게 마그마의 바다 시기를 거쳐 행성이 만들어지는데 이 과정에서 지구에 층상 구조가 생깁니다. 즉 내핵과 외핵, 맨틀과 지각 등의 순서가 생기게 되는 거죠. 마치 달걀 제일 안쪽에 노른자가 있고 그 주위를 흰자가 감싸고 바깥에 껍데기가 있는 것과 비슷한 모습이 됩니다. 마그마의 바다 때 지구 전체가 액체 상태였기 때문에 무거운 물질들은 제일 안쪽으로 내려가고 상대적으로 가벼운 물질들이 밖을 둘러싸게 되었던 거죠. 처음에는 핵과 맨틀 정도만 있다가 제일 안쪽은 워낙 압력이 커서 고체 상태가 되어 내핵이 되고 상대적으로 압력이 적었던 그 주변은 외핵이 됩니다. 또 맨틀 중에서도 제일 바깥은 계속 식어서 아주 딱딱한 암석권이 되는데 그중에서도 바깥 부분이 조금 더 가벼운 지각이 됩니다.

지구 전체로 보면 산소가 가장 많은 원소이고 그다음이 철인데 비해 지각에는 산소 다음으로 규소가 가장 많은 양을 차지합니다. 그리고 칼슘, 나트륨, 칼륨, 마그네슘 등이 그다음 순입니다. 철은 지각을 구성하는 원소 중에서는 8위도 되지 않는데 그 이유가 바로 마그마의 바다 때 핵 쪽으로 모두 내려갔기 때문입니다.

45억 6천만 년 전 지구가 만들어지기 시작하고 천만 년 정도가 지났을 때 화성 정도 크기를 가진 테이아라는 행성이 지구와 충돌합니다. 화성 정도 크기의 행성과 충돌을 했으니 그 위력이 엄청났겠죠? 지구는 지각과 맨틀이 다 날아가 버리고 테이아도 산산조각이 납니다. 테이아의 조각들과 지구에서 날아간 것들 중 일부는 지구의 중력에 의해 다시 지구로 돌아오지만 꽤 멀리까지 날아간 조각들은 지구로 돌아오지 못하고 원반 모양으로 지구 주위를 돌다가 달을 만들게 됩니다. 이것이 달이 만들어지는 과정에 대한 가설 중 하나이고, 또 다른 하나는 달은 원래 지구 주변을 돌지 않았는데, 목성 정도에서 돌던 것들이 이상한 궤도를 타고 오다가 지구에 묶여서 지금처럼 됐다는 주장도 있습니다. 하지만 현재로서는 이 충돌 가설이 가장 신빙성 있게 받아들여지고 있습니다.

인간이 지구에 존재하기 전 달은 훨씬 더 가까이에 있었습니다. 달은 하늘의 4분의 1을 가리는 정도의 크기였고, 달이 가까이 있으니 밀물과 썰물 차도 지금보다 훨씬 더 컸습니다. 밀물과 썰물의 차이가 어느 정도 되었느냐면 1킬로미터 정도 되는 높이로 물이 올라갔다 내려갔다 하는 정도였습니다. 또 달이 지구에 가까이 있으면 달의 공전 속도도 빨라집니다. 지금처럼 27.3일에 한 바퀴를 도는 게 아니라 약 10일에 한 바퀴씩을 돌았습니다. 그러다 달이 점점 멀어지면서 느려지게 된 것입니다. 지금도 달은 매년 지구로부터 2~3센티미터씩 멀어지고 있습니다. 몇만 년이 지나면 달의 주기는 지금보다 훨씬 더 길어지겠죠.

낮에 뜬 달을 본 적이 있을 겁니다. 그때 잘 살펴보면 달과 태양의 크기가 얼추 비슷하다는 걸 알 수 있죠. (물론 실제 크기는 태양이 훨씬 더 크지만 그만큼 더 멀리 있기 때문에 비슷해보이는 거죠.) 그래서 달이 태양을 완전히 가려 버리는 개기일식이 가끔 일어납니다. 달이 지구 주위를 완전한 원형 궤도로 도는 것은 아니라서 가끔은 지구에서 조금 멀어지기도 합니다. 이때 일식이 일어나면 달이 태양을 완전히 가리지 못해 달

주변으로 태양이 마치 반지 모양처럼 보이게 되는데 이를 금환일식이라고 합니다. 그런데 예전에는 달이 훨씬 가까웠으니 지구에서 보면 달이 태양보다 더 커 보였을 겁니다. 그러니 지금보다 일식도 더 자주 일어났겠죠. 물론 그때는 그 달을 볼 수 있는 생명체가 지구상에 별로 없었던 때이긴 했습니다. 반대로 먼 미래에는 달은 지구에서 더 멀어지고 더 작게 보입니다. 그럼 이제 개기일식은 영원히 볼 수 없게 됩니다. 지구에 사는 즐거움 하나가 사라지게 되는 거죠.

충격이 사라지고 마그마의 바다도 잦아들기 시작합니다. 지구의 온도가 내려가면서 대기 중에 있던 수증기가 비가 되어 내립니다. 그런데 아직 뜨거운 지구에서 내리는 비의 온도는 300도에 달했기 때문에 내리자마자 다시 증발하고, 증발해서 올라간 뒤에는 곧 다시 내리고, 이렇게 하루 종일, 200만 년 동안 매일 같이 비가 내리게 됩니다. 이때 내린 비가 증발하면서 지구 표면을 지속적으로 식히게 되고 지표는 서서히 식어 마침내 지각이 형성됩니다. 지표가 식으니 내리는 비는 고이고 바다가 생깁니다. 초기 바다는 지금보다 훨씬 넓었습니다. 흔히 육지가 지표면의 30%, 바다가 70%라고 이야기를 하는데 사실 대륙은 조금씩 늘어나고 있습니다. 대륙 지각이 해양 지각보다 밀도가 낮기 때문이죠. 대륙판과 해양판이 만나면 대륙판은 아래로 가라앉지 않으니까 줄어들 일이 없습니다.

몇 년 전 일본 열도 침몰을 다룬 영화가 있었습니다. 일본은 대륙판과 해양판이 만나는 경계에 있는 나라인데 그 경계에서 아주 커다란 지진이 일어나 일본을 이루는 섬이 바다 밑으로 가라앉는다는 내용이었습니다. 하지만 실제로는 전혀 근거가 없습니다. 대륙판과 해양판이 만나면 해양판이 대륙판 밑으로 들어가지 대륙판이 아래로 내려가는 일은 없으니까요. 대륙판과 해양판이 만나면 오히려 화산 활동이 활발해지고 그중 일부가 섬이 되어 호상열도가 생깁니다. 일본이나 알류산열도, 쿠릴열도 등이 그렇게 해서 생긴 섬들입니다. 화산섬이 폭발하면서 시간이 지나면 다시 옆에 있던 대륙과 붙으면서 대륙이 조금씩 넓어지기도 합니다. 대륙판과 대륙판이 서로 접근할 때 둘 사이에 있던 바다가 산맥이 되어 육지가 되기도 하죠. 히말라야산맥과 티베트고원, 알프스산맥 등도 원래는 바다였다가 육지가 되었습니다. 또 풍화와 침식으로 육지의 일부가 깎이고 강물을 타고 흘러가 해안에 쌓이면서 바다의 일부가 육지가 되기도 합니다. 예전 유적들을 조사해 보면 큰 강의 하구에 있던 항구들이 이런 과정을 통해 내륙이 되었던 흔적을 볼 수 있습니다. 이렇게 차츰차츰 육지가 늘어났다는 건 예전에는 육지가 지구 표면의 10%도 되지 않았고 나머지는 모두 바다였다는 얘기가 됩니다.

육지가 넓어지면서 바닷물의 염도가 올라가는데 바다가 짠 이유는 두 가지입니다. 먼저 바닷속에는 여러 가지 무기염류들이 존재하는데 그중에서 플러스 이온은 나트륨, 마그네슘, 철, 칼슘 등으로 이런 성분들이 빗물에 씻겨 육지에서 바다로 들어오게 됩니다. 그중에는 물에 녹아서 앙금을 만드는 물질이 있고 앙금을 만들지 않는 물질이 있는데, 앙금을 만드는 칼슘이온, 철이온, 황산이온, 탄산이온 등은 자기들끼리 만나서 바닷속에 가라앉습니다. 그리고 나트륨이

온과 칼륨이온은 앙금을 만들지 않으니 바닷물에 그냥 녹아 있게 됩니다. 마이너스 이온 중 탄산이온은 이산화탄소가 바닷물에 녹아 만들어지고 나머지 황산이온과 염소이온 등은 해저 화산에서 빠져나오는 화산가스에서 유래합니다. 그런데 황산이온도 탄산이온도 플러스 이온들과 만나 앙금을 만드니 남은 건 염소이온 뿐입니다. 그래서 바닷물 속에는 염화나트륨이 가장 많이 남아 있게 되어 짠 맛을 내게 되는 것입니다. 아주 옛날 육지가 넓지 않았을 때는 씻겨 내려갈 것이 별로 없었기 때문에 지금보다 바닷물이 덜 짰을 테지만 육지가 점점 넓어지면서 바닷물의 염도도 차츰 올라가 지금과 같은 상태가 된 것이죠.

최초의 생명이 꿈틀대다

지구에서 처음 만들어진 대기에는 수소와 헬륨이 가장 많았습니다. 하지만 앞서 이야기한 것처럼 모두 지구 바깥으로 날아가 버렸죠. 그 뒤 다시 지구가 마그마의 바다를 지나고 나서 수증기와 메테인, 암모니아, 이산화탄소 등으로 지구의 대기가 채워집니다. 이들 중 일부는 화산이 폭발할 때 빠져나오는 화산가스 성분입니다. 현재의 화산을 조사해 보니 화산에서 빠져나오는 화산가스에는 수증기가 가장 많고 그다음으로 이산화탄소 그리고 황화수소와 이산화황 순이었습니다. 초기 지구에서도 마찬가지였을 것이고 지금보다 훨썬 뜨거웠으니 화산에서 분출되는 양도 지금보다 훨씬 많았을 겁니다. 거기에 초기 지구에는 소행성이나 혜성 같은 천체들이 지금보다 훨씬 자주 부딪쳤는데 그 과정에서 자신들의 대기 성분을 내놓았습니다. 이런 과정을 거쳐 질소, 이산화탄소, 메테인, 암모니아 등이 지구 대기를 채우게 된 것이죠. 다만 산소는 워낙 반응성이 커서 조금 있던 녀석들도 모두 다른 성분들과 반응을 해서 사라지고 거의 없었습니다.

나중에 다시 얘기하겠지만, 시아노박테리아가 등장하면서 광합성을 통해 산소를 공급하게 됩니다. 이 산소가 암모니아와 만나면 암모니아는 사라지고 수증기와 질소가 만들어집니다. 메테인과 만나면 이산화탄소와 수증기가 만들어집니다. 그러면서 대기 속에는 주로 질소와 이산화탄소만 남게 됩니다. 그리고 이제 산소가 메테인이나 암모니아 등을 다 없애고 난 다음 자리를 잡게 되어 지금과 같은 형태의 대기를 만들게 됩니다. 즉 지금 우리가 숨 쉬고 있는 대기는 지구 역사 전체로 봤을 때 세 번째 대기에 해당된다고 볼 수 있습니다.

앞서 이야기한 것처럼 육지는 계속 넓어지고 바다는 계속 줄어듭니다. 육지가 넓어지는 또 하나의 방법은 다음과 같습니다. 대륙의 중간에서 맨틀이 상승하면서 양옆으로 이동하면 그 힘에 의해 대륙도 양쪽으로 찢어집니다. 그리고 가운데는 맨틀에서 올라온 마그마가 지각을 뚫고 나와 새로운 해양지각을 형성합니다. 그런데 이 마그마의 분출 과정에서 화산섬들이 생깁니다. 아이슬란드가 이런 방식으로 생긴 대표적인 섬이죠.

맨틀의 대류가 아니어도 화산섬이 생기는 경우가 있는데 맨틀의 아주 아래쪽에서부터 마그마가 올라와 지각 판을 뚫고 솟아오르는 경우입니다. 이런 곳을 열점Hot spot이라고 하는데 지구 곳곳에 몇 군데가 있습니다. 그중 대표적인 곳이 하와이제도입니다. 하와이제도에는 화산섬이 8개 정도 되는데 모두 이런 방식으로 생겼습니다. 여러 개의 화산섬이 생긴 건 열점이 이동해서가 아니라 지각 판이 이동해서입니다. 열점의 위치는 변하지 않아서 항상 같은 곳에서 마그마가 솟아오르는데 그 위의 판이 그 사이 조금씩 이동하기 때문에 기존의 화산섬 옆에 계속 새로운 화산섬이 생기는 것이죠.

이렇게 지구는 매우 변화무쌍한 과정을 거치는 한편 최초의 생명을 탄생시킵니다. 최초에 생명이 어디에서 탄생했느냐에 대해선 여러 의견이 있고 어떤 것이 사실인지 아마도 가까운 시일 내에는 결론이 나지 않을 겁니다. 한 가지 분명한 건 바다 표면에서 만들어지지는 않았다는 점입니다. 당시 지구 대기에는 오존층이 없어서 지구 표면으로 떨어지는 자외선이 지금의 거의 스무 배에서 백 배에 달했습니다. 이런 환경에선 어떠한 생물도 생존하기 힘들죠. 생명체를 구성하는 단백질이나 지질 같은 화학 물질들이 자외선에 의해 쉽게 분해되기 때문입니다.

아마도 최초의 생명은 얕은 바다의 바닥에서 만들어졌을 것이라는 주장이 있습니다. 또 다른 가설은 바위와 바위 사이에서 생겼을 것이다, 또 바다 아주 깊은 곳 4천~5천 미터 깊이의 뜨거운 바닷물이 올라오는 공간에서 생겼을 것이다 등의 주장이 있습니다. 무엇이 맞든지 간에 지금부터 우리는 생명이 탄생할 수 있는 조건에 대해 생각해 보도록 하죠.

생명이란 무엇일까요? 많은 책들이 생명에 대해 이야기를 할 때 생물이 가지는 공통적인 속성에 대해 먼저 이야기합니다. 세포가 기본 단위다, 물질 대사를 한다, 생장을 한다, 자신과 닮은 자손을 낳는다, 여기에 더해 생태계를 이루고 있다, 유전자 재조합을 한다 등이 지구상에 있는 생명체의 공통된 성질입니다. 그래서 대부분 '생명이란 무엇인가'에 대해서 이야기하는 책들을 보면 조금 어려운 말로 '귀납적'이라는 표현을 씁니다. 개념을 먼저 생각하고 거기에 끼워맞추는 게 아니라 실제로 관찰을 해 보니까 모든 생명들이 가지고 있는 공통점이 드러나고, 그걸 모아서 생명이란 이런 속성을 가지고 있다고 얘기하는 것이 바로 귀납적 추리라고 할 수 있습니다.

이러한 귀납법으로 제일 먼저 알 수 있는 것이 생명은 세포로 이루어져 있다는 것입니다. 세포를 관찰해 보면 세포 안에는 핵과 다른 소기관들이 몇 개 있는데 핵은 진핵생물에만 존재합니다. 원핵생물들에는 핵이 없습니다. 원핵생물과 진핵생물을 통틀어서 세포가 가지는 공통점은 DNA를 가지고 있어야 한다는 것입니다. 에이즈 바이러스처럼 RNA만 가지고 있는 경우도 있는데 바이러스는 생물과 무생물의 중간 형태입니다. 이것을 빼고 나면 모든 생명체는 DNA를 가지고 있는데 그냥 가지고 있는 게 아니라 사슬 형태로, 꼬인 모양으로 가지고 있습니다. 그리고 세포 내 소기관을 가지고 있는데, 모든 생명이 다 가지고 있는 세포 내 소기관이 바로 리보솜입니다. RNA로 만들어진 리보솜은 단백질을 만듭니다. 따라서 세포는 DNA와 RNA를 필수적으로 가지고 있는데, RNA는 리보솜이라는 형태로 존재하는 rRNA가 있고, 핵으로부터 전사해 올 때 필요한 mRNA, 그다음 아미노산을 데리고 오는 tRNA가 있습니다. 모든 생명체들이 이 세 가지의 RNA를 가지고 있습니다. 다음으로 모든 생명체는 두 겹의 인지질로 된 막을 가지고 있습니다. 세 가지 생명체의 특징 중에 가장 처음 생명을 시작하게 만드는 데 큰 역할을 한 것으로 막을 듭니다.

여기서 잠깐 어려운 이야기를 하자면 슈뢰딩거 방정식을 만든, 슈뢰딩거의 고양이로 더 많이 알려진 물리학자 슈뢰딩거는 생명을 정의하면서 생명은 질서라고 이야기했습니다. 엔트로피 법칙과도 연관이 있는 이야기인데, 방을 며칠째 치우지 않고 두면 방은 계속 지저분해집니다. 이것을 무질서도가 증가한다고 표현하는데, 세상이 다 그렇죠? 가만히 놔두면 어질러집니다. 치워야만 어질러지지 않고 일정한 질서를 가지게 되죠. 생명체라는 게 바로 이런 질서를 가지고 있다는 것입니다. 세포 안이 제멋대로 헝클어져 있으면 생명 활동에 지장이 있겠죠? 나름대로 규칙을 잡고 배열이 되어 있는데, 이렇게 배열되고 질서를 잡을 수 있는 이유가 막 때문이라는 겁니다. 세포막 바깥이 계속 어질러져도 질서를 가지고 내부를 지켜 주는 역할, 즉 프로텍터의 역할이 세포막의 첫 번째 역할입니다.

방을 치우려면 힘이 들죠? 치우려면 힘이 드는 건 세포도 마찬가지입니다. 힘이 드니까 쓸 에너지를 어디선가 끌어와야겠죠. 세포막 사이사이에는 막 단백질들이 들어가 있는데 이 막 단백질은 물질의 이동 통로 역할을 합니다. 필요한 건 집어넣고 필요 없는 건 빼내죠. 즉 세포막이라는 건 한편으론 외부와 내부를 차단하는 역할도 하지만 또 한편으론 밖에 있는 물질들 중에 필요한 건 집어넣고 필요 없는 건 내놓는 역할도 합니다. 세포막에 있는 이런 통로를 통해 필요한 물질을 넣고 필요 없는 물질을 빼내려면 에너지가 필요합니다. 이때 사용하는 에너지는 대부분 아데노신 3인산ATP이라는 물질 속의 화학에너지입니다. 지구상의 모든 생물은 이 ATP를 사용합니다. ATP는 그래서 모든 생물의 공통 조상으로부터 남겨진 유산이라 여겨집니다.

다세포 생물의 탄생

지구상에 있는 모든 생물들의 세포막은 모두 다 인지질로 이루어져 있습니다. 세포 밖에 있는 세포벽은 생물마다 그 구조가 다르지만 세포막의 기본 구조는 모든 생물에서 같습니다. 물론 세부적으로 들어가면 종류에 따라 조금씩 다르지만요. 이건 모든 생명이 최초의 생명 하나에서부터 진화하였다는 또 다른 증거로 볼 수 있습니다. 그리고 시아노박테리아Cyanobacteria가 탄생합니다. 생물들이 처음 바닷물 속에서 태어났을 때 바닷물 속에는 아미노산도 많고 당도 많았기 때문에 따로 에너지를 생산하지 않아도 흡수만 하면 먹고 살 수 있었습니다. 그런데 점차 시간이 지나자 맛 좋은 유기 물질들이 사라지고 생물은 두 가지 선택을 할 수밖에 없게 됩니다. 다른 생물을 잡아먹든가 아니면 스스로 에너지를 만들어 내든가. 그중 일부는 진화를 통해서 햇빛을 이용해 영양분을 합성하는 광합성을 시작합니다. 최초로 광합성을 시작한 생물은 지금의 황세균과 비슷한 세균이었을 것으로 여겨집니다.

광합성이란 간단히 말하면 빛 에너지를 이용해 특정 물질에서 수소를 떼어 내는 것으로 시작됩니다. 이때 수소를 수소 원자핵과 전자로 나누고 이 전자의 에너지를 이용해서 영양분을 합성하는 것이죠. 처음 이용한 물질은 황화수소입니다. 지금은 물 분자를 이용해서 광합성을 하지만 황화수소는 물과 구조가 비슷한 데다 황과 수소 사이의 결합력이 조금 작아서 떼어 내기가 편했기 때문에 황화수소를 이용했던 것입니다. 온천이 많은 지역에 가서 보면 온천 주변에 노랗게 깔린 것들을 많이 볼 수 있습니다. 이 노란 것이 바로 황세균들이 황화수소를 분해하고 필요 없어 버린 황입니다.

황세균의 광합성을 위해 꼭 필요한 황화수소는 바닷속의 마그마가 분출하는 지역에서 화산가스의 형태로 나옵니다. 그런데 이런 곳은 바다 전체로 보면 너무 좁은 지역에 불과해 경쟁이 치열합니다. 서로 자리를 잡기 위해 싸우다가 경쟁에서 진 황세균들이 바깥으로 물러나는데 그중 일부가 돌연변이를 일으킵니다. 그리고 황화수소 대신에 산화수소, 즉 물을 분해하기 시작합니다. 시아노박테리아입

❖ ─ 황세균이 배출한 황으로 노랗게 물든 온천 주변의 모습

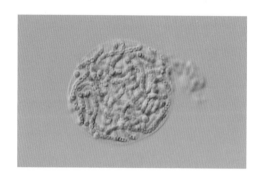

❖ ─ 시아노박테리아

니다. 시아노박테리아는 황화수소를 분해하는 대신에 산화수소, 즉 물을 분해하기 때문에 황 대신 산소를 배출합니다.

이 산소가 대기 중으로 퍼지면서 지구의 환경이 점점 바뀌게 됩니다. 산소가 이때 처음 나온 것은 아닙니다. 오존층이 없던 옛날에는 지금보다 훨씬 강한 자외선이 바다에 내리쬐어 물 분자를 깨서 산소를 만들어 냈습니다. 지금도 바닷가에 가면 비린내가 나는데 실제 비린 냄새가 나기도 하지만 자외선에 의해 분해된 산소 중 일부가 오존을 만들면서 나는 냄새이기도 합니다. 흔히 복사기 옆이나 공기 청정기 옆에서도 맡을 수 있는 냄새죠. 그러나 그 정도의 산소는 대기 중에 존재하는 메테인이나 암모니아와 만나 금방 다시 물이 되거나 이산화탄소가 되면서 사라졌습니다. 그러나 시아노박테리아가 마구 늘어나면서 내놓는 산소는 이전과 비교할 수 없을 정도로 많았습니다. 그 중 대부분은 바닷물에 녹아 있는 철과 만납니다.

철이 산소와 만나면 빨간색이 되는데, 산소와 만나지 않고 응결이 되면 까만색이 됩니다. 35억 년보다 오래 된 퇴적층을 살펴보면 산소와 만나지 않은 채로 굳어진 까만 철을 볼 수 있습니다. 하지만 이제 바닷물에 녹아 있던 철은 시아노박테리아가 내놓은 다량의 산소와 만납니다. 그리고 산화철이 되어 바다 밑바닥에 가라앉기 시작하죠. 그래서 만들어진 것이 호상철광층입니다. 전 세계 어느 곳이라도 35억 년 전 지층이면 어디에나 호상철광층이 발견됩니다. 모든 바다에서 이전까지 물에 녹아 있던 철이 산소와 만나면서 앙금을 만들어 내려앉은 거죠. 그리고 바닷속에 철이 다 사라지고 나서도 시아노박테리아는 계속 산소를 내놓고 이제 더 이상 물에 녹을 수 없는 포화 상태가 되었습니다. 그래도 시아노박테리아가 산소를 계속 내놓으니 이들은 물에 녹지 못하고 대기 중으로 빠져나갑니다. 공기 중에 있던 암모니아와 메테인은 이제 견딜 수가 없습니다. 메테인은 산소와 만나 물과 이산화탄소로 바뀌고 암모니아는 산소와 만나 물과 질소가 됩니다. 지구의 대기는 이제 이산화탄소와 질소가 주성분이 되죠. 그러고도 산소가 계속 나와 결국 대기 성분 중 두 번째로 많은 성분이 됩니다. 지금 대기 중 산소 농도는 약 21%인데 고생대 초에는 30%까지 올라갑니다.

산소가 이렇게 많아지면 어떤 현상이 일어날까요? 먼저 산소가 많아진다는 건 그만큼 이산화탄소가 줄어든다는 이야기입니다. 광합성은 이산화탄소와 물을 이용해 포도당을 만드는 것이고 그 과정에서 산소가 빠져나오는 것이니 산소가 늘어나는 양만큼 이산화탄소가 줄어들겠죠. 이산화탄소가 줄어들면 온실효과가 줄어듭니다. 태양은 주로 가시광선의 영역에서 빛을 보내지만 지구는 적외선 영역의 빛을 통해 우주로 에너지를 내놓습니다. 그런데 이산화탄소는 가시광선 영역의 빛은 그냥 통과시키는데 적외선은 자신이 그냥 흡수해 버리죠. 그래서 이산화탄소 농도가 높으면 밖으로 빠져나가는 양이 적어 지구 표면 온도가 조금 올라갑니다. 이를 온실효과라고 하죠. 그런데 이산화탄소 농도가 줄어드니 지구 표면 온도도 내려갑니다. 지구 온도가 내려가면 그만큼 광합성 양이 줍니다. 광합성 양은 이산화탄소 농도와 함께 온도에도 영향을 받습니다. 주로 20도에서 35도 정도 사이에서 가장 활발하죠. 그러니 지구 평균 기온이 내려가면 광합성 양도 따라서 줄게 됩니다. 그러면 산소 공급이 줄어들고 산소 농도는 다시 떨어집니다. 이산화탄소는 다른 생물들이 호흡을 하는 과정에서 그리고 화산 활동 등을 통해 계속 공급됩니다. 그래서 이산화탄소 농도가 높아지면 다시 지구 평균 기온이 높아지고 따라서 다시 광합성이 활발해지죠. 이런 상황이 주기적으로 되풀이됩니다.

이제 진핵생물이 탄생할 시기가 되었습니다. 생물학자 린 마굴리스Lynn Margulis는 우리 몸속 세포 안에 있는 미토콘드리아가 원래는 독자적인 생물체였다가 세포 안으로 포획되어 세포 안에서 같이 사는 것이라는 내용의 '세포 내 공생설'을 학계의 정설로 만든 사람입니다. 『코스모스』의 저자인 칼 세이건과 부부 사이였죠. 두 사람 다 지금은 세상에 없는데 죽기 전에 이혼을 했으니 칼 세이건이 전남편이었다고 말하는 게 맞겠네요.

미토콘드리아가 세포 안으로 들어온다는 건 어떤 의미일까요? 미토콘드리아가 들어오기 전 세균들은 포도당 한 분자를 가지고 ATP를 서너 개 정도 생산하는 수준이었습니다. 그런데 미토콘드리아가 에너지 생산을 맡게 되면서 포도당 한 분자당 생산할 수 있는 ATP는 38개가 되었습니다. 열 배쯤 늘어난 셈이죠. 쉽게 말해서 연봉 1000만 원을 받던 사람이 갑자기 연봉 1억 원을 받게 된 겁니다. 일은 똑같이 하는데 말이죠. 수입이 늘었으니 여러 가지 필요했던 것들을 챙깁니다. 즉 골지체, 소포체 등 다양한 세포 내 소기관이 생깁니다. 또 에너지가 많으니 이전보다 번식도 더 활발하게 할 수 있게 되었고 세포 크기도 커집니다. 미토콘드리아를 가진 진핵세포는 그렇지 않은 원핵세포에 비해 거의 1만 배 가까이 크죠. 이렇게 세포 내 소기관도 늘고 덩치도 커지면서 이를 만들기 위한 설계도인 DNA도 덩달아 늘어납니다. 그리고 이런 DNA를 잘 보관하기 위해 핵막으로 감싸게 됩니다. 그래서 이런 생물들을 핵을 가진 생물이라는 뜻에서 진핵생물이라 부릅니다.

진핵생물이 되었다는 것은 또 다른 의미를 가집니다. 생태계가 생겨날 기반이 마련된 것입니다. 예를 들어 우리가 음식을 먹으면 그 음식을 소화시키는 데 그 음식이 가진 에너지의 30% 정도를 씁니다. 그럼 70%만 남겠죠. 그런데 우린 진핵생물이니 이게 가능합니다. 원핵생물은 같은 음식을 먹어도 우리의 10%밖에 쓸 수 없습니다. 그러니 30%의 에너지를 들여 소화시키면 마이너스 20%가 되는 셈이죠. 비슷한 이유로 원핵생물들은 서로를 잡아먹는 포식 활동 자체가 크게 의미가 없습니다. 생태계는 기본적으로 서로 먹고 먹히는 관계, 즉 먹이 사슬과 먹이 그물을 중심으로 이루어집니다. 그런데 이런 포식-피식 관계 자체가 형성될 수 없으니 원핵생물로서는 제대로 된 생태계를 구성할 수 없는 거죠.

또 진핵생물이 되어서야 지구의 생물들은 다세포 생물로 진화할 준비가 되었다는 점도 기억했으면 좋겠습니다. 다세포 생물이란 기본적으로 한 몸을 이루고 있지만 서로 다른 기능을 하는 세포들로 이루어진 개체입니다. 근육세포, 신경세포, 진피세포 등이 다 자기 역할이 있는 거죠. 그런데 이런 분업이 가능하려면 에너지가 충분해야 합니다. 예를 들자면 농사를 짓는 사람들이 자기들 먹을 것 말고 더 많은 양을 생산해야 농사를 짓지 않고 운전을 하거나 교육을 하거나 정치를 하는 사람들이 다른 일을 할 수 있는 것처럼 말이죠. 농사를 짓는데 딱 자기 식구들 먹을 것 정도만 만들면 다른 일을 하고 싶어도 할 수가 없는 것처럼 말입니다. 원핵생물이 딱 그 상태입

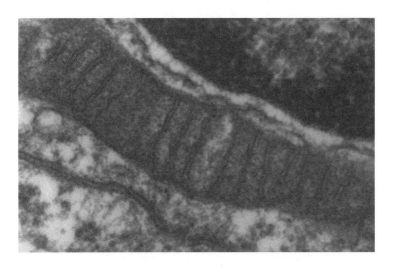

❖ ― 미토콘드리아의 현미경 이미지

니다. 포도당 한 분자로 생산할 수 있는 ATP가 워낙 적다 보니 모든 세포들이 다 농사만 짓는 형국이죠. 이런 상황에선 다세포 생물로의 진화는 불가능합니다.

그렇다면 언제 다세포 생물이 될까요? 다세포 생물은 군체Colony 로 시작합니다. 세포들이 그냥 모여만 있는 상태죠. 그런데 모여 있는 세포들 하나하나는 일생 동안 모양이 계속 바뀝니다. 개구리로 치면 알이었다가 올챙이였다가 뒷다리가 나오고 앞다리가 나오고 꼬리가 없어지고 개구리가 되는 식이죠. 곤충 같은 경우에는 알이었다가 애벌레가 됐다가 번데기가 됐다가 성충이 되죠. 즉 생애 주기별로 모양이 다른 경우가 굉장히 많습니다. 이렇게 다른 생애 주기를 가진 세포들이 서로 다른 모양으로 모여 있다가 이 모양이 어느 순간 고정이 됩니다. 즉 어떤 시기에 한곳에서는 포자를 만드는 생식이 주된 일을 하고 어떤 경우에는 먹이를 먹고 커지는 게 주된 일이 됩니다. 이들이 모여서 각자의 모양대로 고정이 되는 거죠. 이것은 생식기가 되고 저것은 영양 기관이 되고 하는 식으로. 이렇게 서로 다른 생애 주기를 가진 세포들이 모여 고착이 되면서 하나의 다세포 생물이 만들어지게 됩니다.

다세포 생물은 처음에는 이렇게 군체의 형태로 단세포 여러 개가 모여 있다가 생식만 하는 놈, 먹이만 먹는 놈으로 세포의 역할이 나뉩니다. 복잡한 분할이 아니라 생식기, 영양 기관 이렇게 두 가지로만 분할이 되는데 처음에는 이 두 가지를 같이 가지고 있는 형태로 분할이 되었습니다. 이 형태가 세 번 나오는데, 동물의 경우로 한 번, 식물의 경우로 한 번, 진균의 경우로 한 번입니다. 미역을 예로 들어 볼까요? 미역을 보면 그냥 다 줄기잖아요. 그런데 바위에 부착되는 부위가 따로 있습니다. 그렇다면 분화가 두 군데에서 일어난 것 같겠지만 사실은 세 군데입니다. 미역이라는 큰 줄기 뒷면에 포자를 만드는 기관이 따로 있습니다. 즉 미역은 크게 나눠서 줄기 부분과 그 안쪽에 숨어 있는 포자를 만드는 부분이 있는 거죠. 이렇게 두 개로 이루어져 있다가 육지로 올라오게 되면서 식물이 지금처럼 뿌리, 줄기, 잎, 그다음에 꽃, 열매와 같은 기관들을 형성하게 된 건데, 그래서 육지 식물 중에도 이끼 같은 경우는 포자 만드는 데가 따로 있고, 나머지는 몸 전체가 광합성을 하는 간단한 구조로 보입니다. 부착 뿌리가 있지만 물만 전문적으로 흡수하는 곳은 따로 없고 온몸에서 물을 흡수하는 거죠. 최초의 식물은 바로 이런 모습으로 시작이 되었습니다.

이번에는 버섯을 예로 한 번 들어 볼까요? 버섯은 대개 기둥 위에 갓이 얹힌 모양이죠. 갓은 포자를 만드는 곳, 즉 번식을 하고, 기둥은 영양을 만드는 곳입니다. 느타리버섯이나, 양송이버섯이나 모두 같죠. 버섯도 애초에 번식을 담당하는 부분과 영양을 담당하는 부분 두 개로 나뉜 간단한 구조였습니다. 동물 중에도 이렇게 간단한 구조를 가진 것들이 있습니다. 대표적으로 해면이라는 동물인데, 우리가 욕실에서 사용하는 스펀지가 바로 바다에 살던 이 해면이라는 동물로 만든 것입니다. 이 해면의 구조는 파스타 면 중에서도 마카로니 같은, 가운데 구멍이 뻥 뚫린 구조인데 안쪽 벽을 형성하는 세포와 바깥쪽 벽을 형성하는 세포로만 이루어져 있습니다. 안쪽 벽을 형성하는 세포는 먹이를 먹는 세포이고, 바깥쪽 벽을 형성하는 세포는 다른 놈들의 침입을 막는 세포입니다. 이렇게 딱 두 가지 구조로만 이루어져 있어서 이배엽성 동물이라고 부르는데, 번식할 시기가 되면 포자를 만들어 날립니다. 세포의 종류가 딱 세 가지밖에 없는 거죠.

맨 처음으로 거슬러 올라가다 보면 동물의 시작도 이와 다르지 않습니다. 그런데 왜 동물, 식물, 진균 세 가지로 구분을 할까요? 동물이나 식물 모두 초기로 돌아가면 포자로 번식을 했습니다. 버섯은 말할 것도 없죠. 그렇다면 번식 방법으로 구분을 하는 것은 아닐 테고, 바로 셋의 결정적인 차이는 세포벽의 유무입니다. 동물은 세포벽이 없고, 식물과 진균은 세포벽이 있죠. 다음으로 세포벽 성분이 무엇으로 되어 있느냐의 차이인데, 식물의 경우에는 세포벽이 셀룰로스Cellulose라고 하는 물질로 이루어져 있고, 진균은 그와는 완전히 다른 종류의 키틴질로 된 세포벽을 가지고 있습니다. 특히나 버섯, 곰팡이 등의 진균류는 겉으로 보기에는 식물과 비슷해 보이지만 사실은 동물에 더 가깝습니다. 동물과 진균은 둘 다 깃편모충류라는 원생생물로부터 진화한 것으로 알려져 있습니다. 동물과 진균은 약 15억 년 전에 서로 분리된 것으로 보입니다. 그래서 물질대사도 진균과 동물에서 유사한 측면이 많습니다. 동물의 콜레스테롤과 유사한 에르고스테롤을 가지고 있기도 하죠.

무엇이 우리를 만들었을까?

단세포 생물이 다세포 생물이 된다는 건 어떤 변화일까요? 가장 중요한 변화 중 하나는 섹스와 번식이 합쳐지는 것입니다. 여기서 섹스라는 건 유전자 재조합Genome recombination을 의미합니다. 예를 들어서 단세포 생물인 아메바 같은 경우 세포 자체가 두 개로 나뉘어져서 번식을 합니다. 두 세포는 이전의 세포와 전혀 차이가 없습니다. 그럼 이 과정에서 유전자 재조합 또는 섹스라는 게 있을까요? 번식은 애초에 섹스와는 관계없이 진행됐던 것입니다. 히드라는 어떻게 번식을 하죠? 바로 출아법입니다. 몸의 일부에 혹이 생기고 점차 작은 개체가 되었다가 떨어져 나갑니다. 여기에도 섹스는 없습니다. 그렇다면 단세포 생물들에서는 유전자 재조합이 일어나지 않았을까요? 그건 아닙니다. 아메바 같은 경우 분열법을 통해 다섯 번 정도 번식을 하면 몇십 마리가 되겠죠. 그러면 번식을 중단하고 다른 아메바와 접합을 하게 됩니다. 두 아메바가 만나서 세포막을 서로 열어 놓고 그 열린 세포막으로 플라스미드라는 DNA 조각을 교환하는 것이죠. 그러고 나면 다시 분열을 할 수 있게 됩니다. 그렇다면 무엇 때문에 이런 접합을 시도하는 것일까요?

예를 들어 30도 정도의 온도와 20% 정도의 염분 농도를 가진 물에서만 살 수 있는 아메바가 있다고 생각해 봅시다. 그런데 이 아메바가 접합을 하지 않고 계속 번식만 한다면 이 아메바의 후손은 언젠가 물의 온도가 20도로 떨어지는 날 견디지 못하고 죽게 될 겁니다. 그리고 지구의 역사 그리고 생명의 역사가 하도 길다 보니 그런 일은 언젠가 일어나고 말죠. 하지만 이 아메바가 다른 종류의 아메바들과의 접합을 통해 유전자가 재조합된 아메바들을 만들어 내면 그중 일부는 20도의 온도에서도 혹은 40도의 온도에서도 견딜 수 있게 될 것입니다. 이렇게 환경의 변화에 대응하기 위해서는 유전적 다양성이 필요합니다. 그렇다면 유전적 다양성을 거부한, 접합을 거부한 생물들은 어떻게 되었을까요? 결국 앞서 제시한 예와 같은 일들이 일어날 때 모두 사라지고 말았습니다. 그래서 남은 생물의 자손은 누구나 유전자 재조합을 통해 스스로 종의 다양성을 만드는 생명들만 남은 거죠.

단세포 생물들은 접합이라는 방법을 통해 유전자 재조합을 했고, 분열법을 통해 번식을 했습니다. 그런데 다세포 생물의 경우는 번식을 하려니 자기 몸을 이루는 세포가 한꺼번에 분열법으로 분열을 한 다음 다시 합쳐질 수는 없기 때문에 신체의 일부만을 생식 기관으로 만든 것입니다. 그리고 세포 여럿이 모여 하나의 생물을 만들다 보니 모든 세포가 다 접합을 할 수가 없어서 생식세포만 접합을 하게 된 것입니다. 그렇게 비로소 섹스와 번식이 생식세포에서 통일이 됩니다. 그런데 섹스와 번식이 통일되고 나니 번식에 에너지가 너무 많이 듭니다. 일단 짝을 찾아야 하는데 그 과정이 꽤나 번거롭죠. 그다음 두 개체의 생식세포가 서로 합쳐져야 새로운 생물 하나가 생겨납니다. 그래서 생물들은 틈만 나면 섹스 없는 번식을 하기 위해 노력합니다. 히드라와 말미잘 같이 출아법으로 번식을 하는 경우인데 이들도 물론 몇 번 출아법으로 번식을 하고 나면 다시 정자와 난자를 만들어 새로운 히드라를 탄생시킵니다.

식물도 마찬가지입니다. 식물의 무성 생식에 대해 들어 보셨죠? 무성 생식만을 통해서도 새로운 생명을 탄생시킬 수 있는데 꽃을 피우는 이유가 바로 유전자의 다양성을 확보하기 위해서입니다. 평소에는 땅속 가지나 줄기 등 영양 생식으로 번식을 하다가 아주 가끔씩은 꽃을 피워서 번식을 하는 거죠. 대표적인 게 대나무입니다. 대나무가 숲을 이루고 있는 모습을 본 적 있나요? 사실 숲을 이루고 있는 대나무 전체는 땅속 가지로 다 연결이 되어 있습니다. 평소에는 이렇게 땅속 가지를 통해 번식을 하다가 백 년에 한 번 꽃을 피워 열매를 맺고 그 열매들이 퍼져 나가서 다시 대나무 숲을 이루게 됩니다. 그렇게 새로운 유전자를 만들고 역할을 다한 후에는 죽게 되죠.

동물 중에서도 섹스를 하지 않는 동물들은 생각보다 많습니다. 미국 플로리다주 앞바다에는 아마존 몰리라고 하는 물고기들이 사는데, 이 물고기들은 모두 암컷입니다. 이 물고기들이 번식을 할 때는 아마존 몰리의 사촌쯤 되는 수컷들이 와서 암컷들이 낳은 알에 정자를 뿌리는데 문제는 이 정자들이 알을 뚫고 들어가지를 못합니다. 하지만 이렇게 정자가 알 밖에서 들어가려 애를 쓰면 그걸 신호로 알 안에 있던 난자가 혼자서 수정을 하고 번식을 합니다. 그래서 암컷만 태어나는 거죠. 또 멕시코에 있는 달리는 도마뱀도 수컷 없이 암컷 혼자 알을 낳습니다. 마치 닭이 무정란을 낳듯이 말이죠. 하지만 유전자 재조합을 포기하는 순간 동물에게 닥치는 생존의 위협은 커집니다. 전염병이 한 번 돌면 전멸할 수 있죠. 유전적 다양성을 보존해야만 돌발적인 사건들에 대처할 수 있는 기회가 늘어납니다. 그래서 우리를 포함한 대부분의 생물들은 여전히 유전자 재조합을 통해 번식을 합니다. 우리 역시 유전자 재조합을 통해 살아남은 생물의 후손인 것처럼 말입니다.

생물은 크게 다섯 개의 집합으로 분류됩니다. 원핵생물계를 제외한 나머지 넷은 세포에 핵이 있는 진핵생물들이고 원핵생물만 핵이 존재하지 않습니다. 원핵생물은 크게 고세균과 박테리아로 나뉩니다. 원생생물의 경우 진화론적으로 봤을 때는 하나의 종류가 아니지만 일반적으로 단세포 생물들을 한데 묶어 원생생물이라고 부릅

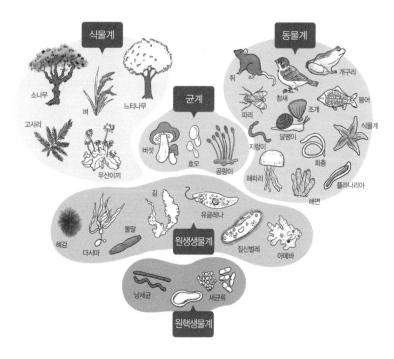

❖ ─ 생물의 분류

니다. 그다음 식물계와 균계와 동물계로 나뉘게 됩니다. 생물을 분류할 때 '종속과목강문계種屬科目綱門界', 이렇게 외웠던 것 혹시 기억하세요? 그중에 제일 큰 게 '계'인데, 이 계에 해당되는 것이 바로 동물계입니다. 그다음 큰 '문'은 38개로 나뉘는데 그중에 하나가 척추동물입니다. 좀 더 정확하게는 척삭동물문이라고 합니다.

　지구의 초기 조건은 지금과는 많이 달랐습니다. 지각이 뜨거웠기 때문에 격렬하게 화산 활동이 일어나고, 대기도 계속 변했습니다. 그리고 달도 아주 가까이 있었겠죠. 처음 생물이 만들어진 게 38

억 년 전이라고 했는데 그때 지구는 지금보다 훨씬 빠르게 자전을 했습니다. 하루가 스무 시간이 안 됐죠. 또 달이 아주 가깝고 빠르게 움직였기 때문에 밀물과 썰물의 높이 차가 1킬로미터가 넘었습니다. 이런 환경에서 생명이 탄생했다는 이야기입니다.

자, 이렇듯 생명이 하느님이 창조한 게 아니라 우연에 의해서 만들어졌다고 하면, 우연에 의해 생명체가 만들어지는 일이 과연 그렇게 어려운 일일까요? 의외로 생명이 탄생할 수 있는 조건은 지금보다 훨씬 쉬웠을 수 있다는 게 지금까지의 내용으로부터 유추 가능합니다. 생명을 만드는 데 필수적인 요소 중 단백질은 아미노산으로 만들어지는데 이 아미노산은 화성의 운석에서도 발견이 됩니다.

탄소 원자는 결합할 손이 네 개인데 그중 하나에 한쪽에는 카르복시기COOH가 붙고 다른 쪽에 아미노기NH가 붙은 단순한 분자가 아미노산입니다. 쉽게 만들어질 수 있고, 또 만들어집니다. 즉 우주 곳곳에 아미노산이 있다는 거죠. 그리고 일반적인 핵융합 반응만으로도 우리 생명체에 필요한 아미노산의 재료가 되는 탄소, 수소, 산소, 질소가 만들어집니다. 나머지도 복잡할 게 없습니다. 생명체를 만드는 데는 이 외에 황이 필요한데 이 다섯 가지 원소만 있으면 다양한 종류의 아미노산이 만들어지죠.

두 번째로 생명체가 탄생하는 데 가장 필수적인 분자 중에 하나가 물입니다. 물은 지구에만 있을까요? 얼음과 먼지, 돌멩이로 이루어진 혜성에도 물은 풍부합니다. 실제로 우주에서 가장 많은 원소가 수소이고 산소도 비교적 풍부하기 때문에 물도 쉽게 만들 수 있습니다. 메테인도 마찬가지입니다. 천왕성이 파란색으로 빛나는 이유도 대기 중에 메테인 성분 때문이죠. 메테인도 우주 곳곳에 존재합니다. 메테인은 탄소 하나에 수소 네 개가 붙은 아주 단순한 분자이기 때문입니다. 메테인이 여러 개 결합하면 세포막의 원료인 지질도 쉽게 만들어집니다.

세 번째가 포도당인데 지금 우리는 포도당으로부터 에너지를 얻지만 최초의 생물은 다른 걸로도 충분히 에너지를 얻었다는 걸 알고 있습니다. 그다음 DNA와 RNA인데 이들은 리보오스나 디옥시리보오스라는 오각형의 당에 한쪽에는 인산이 붙고 다른 한쪽에는 염기가 붙은 분자입니다. 앞서의 아미노산이나 지질보다는 좀 복잡하죠. 하지만 구성하는 원소들은 탄소와 수소, 산소, 질소와 인이 다입니다. 즉 우주에서 쉽게 구할 수 있는 풍부한 원소들이죠. 재료만으로 놓고 본다면 만들지 못할 이유가 전혀 없습니다.

지구의 역사는 45억 년입니다. 이 넓은 바다에 수조 개의 이런 원소들이 담겨 있었습니다. 대기에도 암모니아나 메테인, 이산화탄소 등이 아주 풍부했죠. 수억 년 동안 번개가 치고 화산이 폭발하고 운석이 떨어지는, 그리고 자외선이 강력하게 내리쬐는 이런 곳에서 이런 분자들이 만들어지는 건 확률적으로 가능성이 매우 높은 일입니다. 인산과 지질이 만나 인지질을 만들면 이들은 바다에서 자기들끼리 뭉치게 됩니다. 마치 물속에 기름을 떨어뜨리면 자기들끼리 뭉치는 것과 마찬가지죠. 그리고 이렇게 만들어진 막에 RNA나 아미노산 등이 들어가게 되면 기본적으로 생명이 만들어질 수 있는 개연성

은 충분해집니다. 물론 최초의 생물이 어떤 방식으로 만들어졌는지
는 아직도 논쟁 중이지만 그것이 어떠한 방식이든, 우연하지만 확률
적으로는 필연적으로 생명은 탄생했습니다.

5

고생대,
탄생과 멸종

대폭발,
그리고 대멸종의 시작

　지구상에 생명이 만들어진 지는 38억 년, 그중에서 33억 년 동안은 화석이 거의 발견되지 않습니다. 발견되어 봤자 세균처럼 아주 작은 것들이었는데 갑자기 온갖 희한한 생물들의 화석이 다 발견되는 시기가 옵니다. 그 이전 시기는 생명들이 드러나지 않는다는 뜻에서 은생이언Eon이라고 하고, 그다음부터를 현생이언Eon이라고 합니다. ('이언'은 지질 시대를 구분하는 가장 큰 단위입니다.) 즉 생명들이 현현한 시기란 뜻이죠. 바로 5억 6천만 년 정도 전의 일입니다. 이때부터 현재까지를 다시 세 시기로 나눈 것이 고생대, 중생대, 신생대입니다. 그중 고생대는 5억 6천만 년 전부터 2억 5천만 년 정도 사이의 3억 년 조금 넘는 기간입니다. 처음 지질시대를 나눌 때는 연구도 부족하고 잘 알지도 못하던 때라 대략 화석들과 지층의 변화가 가장 큰 때를 경계로 제일 앞선 시기부터 1기, 2기, 3기, 4기로 나눴죠. 그러다 연구가 진척되면서 1기는 고생대, 2기는 중생대, 3기와 4기는 신생대로 구분 짓게 됩니다. 그리고 조금씩 옛날을 알아가면서 각 시기가 워낙 길다 보니 다시 세부적으로 나누는데 고생대는 역시 순서에 따라 캄브리아기, 오르도비스기, 실루리아기, 데본기, 석탄기, 페름기, 중생대는 트라이아스기, 쥐라기, 백악기로 나눕니다. 이렇게 구분하는 데도 역시나 지층의 큰 변화와 지층에서 나오는 화석의 큰 변화가 기준이 됩니다.

그런데 화석에 큰 변화가 있다는 건 무슨 뜻일까요? 이전까지 자주 발견되던 화석들이 사라지고 새로운 종류의 화석이 나온다는 의미입니다. 이 말은 어떤 시점을 경계로 그 이전에 살던 생물들이 대거 멸종했다는 뜻으로 생물 한두 종이 멸종하는 일이야 역사적으로 늘 존재하던 일이지만 다양한 종이 대거 사라지는 건 지질 역사에서도 특별한 일이 아닐 수 없었습니다. 이 이야기는 잠시 미뤄 두고 은생이언과 현생이언을 나누는 사건부터 이야기해 보려고 합니다. 바로 캄브리아 대폭발이라는 사건입니다. 지금으로부터 100년 전에 미국의 스미스소니언 박물관에서 연구를 하던 과학자 찰스 두리틀 월콧Charles Doolittle Walcott이 캐나다 산골에서 엄청나게 많은 종류의 생물들이 포함된 화석 군을 발견하게 됩니다. 캄브리아 시기의 지층이었죠. 앞서 우리는 동물이란 사람을 포함해 개, 소, 말 등의 포유류가 있고, 뱀, 도마뱀, 거북이, 공룡 등의 파충류, 개구리, 두꺼비, 도롱뇽 같은 양서류, 참치, 조기, 멸치 같은 물고기가 있는데, 이 네 종류를 모아서 등뼈가 있다는 뜻의 척추동물이라고 이야기했습니다. 그리고 이 척추동물이 동물계에서 하나의 문門을 이룬다고 했죠.

132

동물계 전체의 문은 38개가 있는데 먼저 척추를 가진 척추동물문과 나비, 모기, 파리, 벌 같은 곤충류, 그리고 거미와 전갈 같은 거미류, 물속에 사는 새우, 게 등의 갑각류, 다리가 엄청나게 많이 달린 지네나 노래기 같은 다지류를 묶은 절지동물문이 있습니다. 또 오징어, 낙지, 문어, 주꾸미 등 머리에 다리가 달린 두족류, 껍데기 두 개가 달려서 이매패류 혹은 복족류라고 불리는 꼬막, 바지락 같은 조개류, 그리고 조개랑 비슷해 보이지만 껍데기가 하나밖에 없는 소라, 달팽이 등의 부족류를 묶어 연체동물문이라고 부릅니다. 껍데기가 있든 없든 속 알맹이는 부드럽다는 뜻이겠죠. 이런 식으로 연체동물문, 절지동물문, 척추동물문이 있는데 이 외에도 해면동물문, 편형동물문, 환형동물문, 선형동물문 등 총 38개로 분류됩니다.

이 38개의 동물 분류 중에 34개가 캄브리아기라는 인간의 일생으로 보면 아주 길지만 지질학적으로 보면 아주 짧은 시기에 모두 등장합니다. 그전까지는 한 놈도 보이지 않다가 캄브리아기 때 쏟아져 나온 거죠. 그래서 이 사건을 캄브리아기 대폭발Cambrian explosion 이라고 부릅니다. 그렇다면 왜 갑자기 수많은 다양한 동물들이 나타나게 된 것일까요? 나중에 알고 보니 저 동물들은 원래부터, 캄브리아기 이전부터 존재했던 것들인데 그전에는 다들 비슷비슷하게 생겼던 거죠. 쉽게 말해서 지렁이나 뱀이나 무족영원이나 팔, 다리 없고 길쭉한 건 똑같죠? 지렁이는 환형동물문에 속하고, 뱀은 파충류, 무족영원은 양서류에 속하니 완전히 다른 생물인데 겉으로 보기에는 다 비슷해 보입니다. 왜냐하면 이들은 모두 부드러운 땅을 파고 그 속에서 주로 사는 생물들이라서 그렇습니다. 즉 사는 환경이 비슷하면 겉모양도 비슷하게 진화하는 거죠. 이런 예처럼 캄브리아기 이전의 동물들도 그러했습니다. 내부 구조는 서로 다르지만 다들 바다에 살면서 비슷한 방식으로 먹이를 먹었던 거죠. 입을 한껏 벌리고 물을 빨아들인 다음, 수염이나 편모로 물속의 플랑크톤을 걸러서 먹었습니다. 굳이 눈이나 귀와 같은 감각기관이 필요하지도 않았고, 근육이나 다리, 지느러미 같은 운동기관도 필요치 않았습니다. 뇌나 신경도 크게 소용이 없었습니다. 그래서 다들 겉모습은 비슷비슷했죠. 그런데 캄브리아기가 시작되면서 먹고 먹히는 경쟁이 시작됩니다.

❖ — 캄브리아기 대폭발 당시 살았던 생물들의 상상도

이제 잡아먹는 놈은 먹잇감을 잘 찾아내기 위해, 잡아먹히는 놈은 포식자를 잘 피하기 위해 감각기관과 운동기관이 발달하게 됩니다. 먼저 겉으로 보기에는 비슷하지만 내부 구조는 다르기 때문에 각각에 맞는 운동기관을 만들게 되는데, 어떤 놈은 지느러미를, 어떤 놈은 다리를 만드는 식입니다. 감각기관도 마찬가지입니다. 모든 척추동물은 눈을 가지고 있죠. 절지동물문도 구조는 우리와 다르지만 눈을 가지고 있고, 문어, 오징어도 우리처럼 보지는 못하지만 눈을 가지고 있습니다. 이렇게 나름의 감각기관과 운동기관을 발달시키는 것과 동시에 잡아먹는 놈들은 무기를, 잡아먹히는 놈들은 방어 수단을 만들게 됩니다. 잡아먹는 놈에게는 이빨과 발톱이, 도망가는 놈에게는 껍데기가 달리는 식이죠. 이렇게 다양한 종류의 동물들이 자기 모습을 드러내기 시작하는 시기가 바로 캄브리아기입니다.

아주 옛날에는 동물들이 입만 벌리고 있으면 입속으로 먹을 게 들어왔습니다. 그런데 캄브리아기가 되기 바로 전에 눈덩이 지구 사건이 터집니다. 지구의 거의 대부분이 얼어붙어 버리는데 열대 부근의 아주 좁은 틈과 화산 활동이 있는 부근을 제외한 전 지역의 동물들이 죽게 됩니다. 그러다가 지구가 다시 녹았는데 예전만큼 많은 생물들이 살지 않으니 입만 벌린다고 먹을 게 들어오지는 않았겠죠. 그러자 일부는 꾸물꾸물 옆으로 이동하면서 입을 벌렸는데 비슷한 생명체가 죽어 있었던 겁니다. 그래서 거기서 나오는 진물을 빨아먹기 시작합니다. 이렇게 사체를 빨던 놈들이 이제 살아 있는 연약한 생명체를 먹기 시작하고 더 잘 먹기 위해 입술 부위에 딱딱한 돌기도 만들고 더 빨리 움직이려고 근육도 만들고, 이렇게 진화가 이루어지면서 바로 캄브리아기 대폭발이 일어나게 된 것입니다.

그럼 이제 대멸종에 대해 이야기해 볼까요? 고생대하면 가장 먼저 떠오르는 생물은 아마도 삼엽충일 겁니다. 삼엽충은 고생대의 시작부터 마지막까지 등장합니다. 그런데 고생대가 끝나면 절대로 보이지 않습니다. 오직 고생대에만 살았던 생물이죠. 삼엽충은 그 모양이 왼쪽, 오른쪽, 가운데 세 개의 엽葉으로 이루어져 있어 삼엽충이라고 불립니다. 삼엽충은 나비나 딱정벌레 등의 한 종류가 아닌 곤충강 전체와 맞먹는 정도의 독자적인 생물로 그 종류가 무려 3천 종이나 됩니다. 이런 삼엽충들이 고생대에 가장 먼저 전성기를 이루는데 그럼 3천 종이나 되던 삼엽충은 왜 갑자기 사라졌을까요?

앞서 말했듯이 멸종이라는 건 한 종류의 생명이 싹 다 사라지는 걸 말합니다. 예를 들어 우리 집, 우리 동네, 우리나라에서 바퀴벌레가 사라졌다고 해서 멸종이라는 말을 쓰지는 않습니다. 전 세계에 있는 바퀴벌레가 다 죽어야 멸종이라는 말을 쓸 수 있습니다. 그렇다면 멸종이라는 건 쉽게 일어나는 일이 아니겠구나 생각할 수 있지만 실제로는 굉장히 잦게 일어납니다. 올 한 해에도 이미 몇 종의 생물들이 멸종을 했을 겁니다. 그런데 특정한 시기에, 약 몇백만 년 사이에 전체 생물 중 약 90% 이상이 싹 사라지면 우리는 그것을 대멸종이라고 부릅니다. 이 대멸종 사건이 고생대 이후 다섯 번, 그중 고생대에서만 세 번 일어납니다. 오르도비스기와 실루리아기 사이에 한 번, 데본기와 석탄기 사이에 한 번, 그다음 페름기가 끝날 때 또

한 번. 그리고 운석이 떨어져서 공룡이 멸종한 건 많이들 알고 있죠? 중생대 트라이아스기가 끝날 때 한 번, 중생대가 끝날 때 백악기 대 멸종, 이렇게 총 다섯 번의 대멸종 사건이 있었는데 그중 세 번의 멸 종이 고생대에 일어났던 것입니다.

두 번의 대멸종, 다시 빙하기로

고생대의 세계 지도를 보면 지금과는 전혀 다르게 생겼습니다. 뒤쪽 그림을 보면 육지가 크게 아래쪽과 위쪽으로 나누어져 있는데 북반구를 로라시아 대륙, 남반구를 곤드와나 대륙이라고 부릅니다. 곤드와나 대륙은 시간이 지나 오르도비스기 말로 가면서 점점 아래 로 내려가 지금의 남극 부근에 도달합니다. 기온이 낮은 남극 주변 으로 간 곤드와나 대륙에 눈이 내리고, 내린 눈은 녹지 않고 쌓여 빙 상이 됩니다. 눈은 일반적인 땅, 즉 초원이나 숲, 사막보다 햇빛을 덜 흡수하고 더 많이 반사합니다. 그러니 주변 기온이 더욱 내려가게 되 겠죠. 기온이 내려가니 빙상의 면적이 늘어나고 차츰 주변 바다도 얼 어 버립니다. 그러면서 지구 전체의 평균 기온이 내려가게 되었죠.

여기에다가 오르도비스기 말이 되니 해양 생물들이 너무 많아집 니다. 특히 식물성 플랑크톤들이 많아지고 산호가 나타나기 시작합 니다. 이들은 모두 광합성을 하죠. 즉 이산화탄소를 먹고 산소를 내 놓다 보니 대기 중에 이산화탄소의 양이 점점 줄어듭니다. 이산화탄

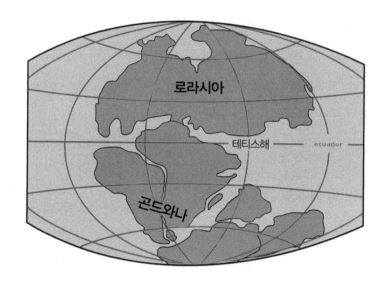

❖ ─ 고생대의 로라시아, 곤드와나 대륙

소가 줄어들면 역시 지구 온도가 내려가겠죠. 바로 이 두 가지 현상, 곤드와나 대륙이 점점 내려와서 빙하가 늘어나는 현상과 이산화탄소가 줄어드는 현상이 겹쳐지면서 지구 전체가 다시 빙하기에 들어가게 됩니다.

빙하기가 되니 바닷물이 차가워지고 바다의 면적도 줄어듭니다. 육지에 빙하가 느는 만큼 바닷물이 줄었기 때문입니다. 지금도 남극 대륙과 그린란드의 얼음이 모두 녹으면 해수면이 약 100미터 가량 상승한다고 하는데 당시도 비슷한 상황이니 그만큼 바다의 면적이 줄었겠죠. 이 당시에는 아직 육지 생물은 없고 해양 생물만 있던 때인데 바다에 사는 생물들이 변화된 환경을 견디지 못하고 점점 죽어나가기 시작합니다. 문제는 바다 생물이 죽으면 호기성 세균이 산소를 이용해 죽은 생물들을 분해하기 때문에 물속에 있는 산소가 점점 줄어들고, 산소가 줄어드니까 남은 바다 생물들이 호흡을 하지 못해 또 죽고, 죽으면 또 분해되면서 산소를 쓰고. 이렇게 바다의 산소 농도가 점점 떨어지면서 대다수의 생물들이 사라진 것이 바로 오르도비스기 대멸종의 과정입니다.

지구의 평균 기온이 떨어지니 광합성을 하는 생물들도 자연히 줄어듭니다. 광합성 양이 줄어드니 이제 반대로 이산화탄소 농도가 높아집니다. 그러자 지구의 평균 기온도 올라가게 되죠. 이제 살 만해진 바다에 새로운 생물들이 생태계의 빈자리를 채우며 종류와 수를 늘립니다. 가장 먼저 식물성 플랑크톤과 새로운 종류의 산호들이 등장합니다. 그리고 이들에 의해 다시 산소 농도가 높아집니다. 이때까지 대멸종으로부터 약 5백만 년이 걸립니다. 그리고 산소의 농도가 높아지면서 산소가 성층권까지 올라가게 되자 성층권에서 오존층을 만들게 됩니다.

오존은 산소 원자 세 개로 이루어진 원자입니다. 대기 중에 산소가 늘어나자 자외선에 의해 일부가 분해됩니다. 이렇게 분해된 산소 원자 하나가 주변의 산소 분자에 달라붙어 산소 원자 세 개의 오존을 만듭니다. 하지만 오존은 워낙 불안정한 물질이라 금방 분해됩니다. 그러니 산소 농도가 낮으면 오존이 만들어져도 금방 사라지죠. 하지만 산소 농도가 높아지면 오존이 분해되는 속도와 자외선에 의해 생성되는 속도가 비슷해져서 안정적인 오존층이 만들어집니다.

그리고 오존이 생성되고 분해되는 과정에서 자외선을 흡수하죠. 지금 우리는 오존층이 자외선을 90% 이상 흡수하기 때문에 지상에서 살 수 있지만 오존층이 없었던 옛날에는 육지에서 살 수가 없었습니다.

오존층이 생기고 먼저 식물과 벌레들이 육지로 올라옵니다. 그리고 뒤이어 척추동물들도 올라옵니다. 지구상에서 최초로 발견된 육상 식물인 쿡소니아Cooksonia와 같은 식물들이 제일 먼저 육지에 드나들기 시작한 것입니다. 이들의 진화는 어떤 식으로 일어났을까요? 미역을 예로 들면 미역은 줄기에 있는 세포 하나하나가 알아서 물도 흡수하고 호흡도 하고 광합성도 합니다. 따라서 전체가 다 똑같은 모양의 세포로 이루어져 있죠.

그런데 육지는 사정이 다릅니다. 물이 아무데나 있지 않은 거죠. 그래서 처음에는 강가나 연못가 등 물이 있는 곳 주변에 퍼져 살았습니다. 모든 세포들이 물을 흡수해야 했기 때문에 키도 크지 않았습니다. 지금 개울가의 이끼 정도를 생각하면 이해가 쉽겠죠. 하지만 이런 식물들로 가득 찬 곳에선 식물들끼리의 경쟁이 벌어집니다. 그 경쟁 중 하나가 광합성 양입니다. 광합성을 많이 하는 식물이 영양분도 더 풍부할 테니 광합성에 조금이라도 유리한 측면이 있는 식물들이 더 늘어나겠죠. 그래서 먼저 키가 커집니다. 주변에 다른 식물들과 함께 있을 때 조금이라도 더 키가 크면 빛을 더 많이 받을 수 있기 때문입니다. 하지만 물은 아래쪽에만 있습니다. 조금 높은 데야 휴지에 물이 흡수되듯 모세관 현상 등으로 올라가겠지만 더 높아지면 힘들죠. 그래서 그중 일부 식물들에서 물이 올라오는 물관이 생기고 이런 식물들은 경쟁에서 이겨 더 널리 퍼집니다.

두 번째로는 더 넓은 면적을 만드는 경쟁입니다. 바로 잎이죠. 가는 줄기보다 넓적한 잎이 광합성을 하는 데 훨씬 유리하기 때문입니다. 하지만 잎의 기원은 따로 있습니다. 바로 가시입니다. 식물이 바다 위로 올라오니까 벌레들도 따라 올라와 자꾸 식물을 갉아 먹었고 그걸 방지하려고 생긴 것이 바로 가시입니다. 그러다가 일부에서 돌연변이가 일어나 가시의 면적이 약간 넓어지자 광합성을 하기에 더 좋은 상태가 되었고 그래서 점점 더 넓어지기 시작합니다. 처음 육지에 올라온 식물들은 위에 포자인 돌기가 있고 아래는 다 녹색이었습니다. 가지 전체가 광합성을 했기 때문이죠. 그러다 잎이 점점 많아지면서 식물은 지금의 모양을 갖추게 됩니다.

마찬가지로 동물들도 육지로 올라오기 시작하는데 크기가 작은 곤충이나 거미류, 다지류, 갑각류 등이 먼저 올라옵니다. 크기가 작을수록 호흡이 편하기 때문이죠. 거미는 폐서로 호흡을 하고, 곤충은 기관으로, 갑각류는 아가미로 호흡을 하는데, 육지에 사는 갑각류로는 쥐며느리가 있습니다. 쥐며느리가 갑각류라고는 생각해 본 적 없겠지만 갑각류가 맞습니다. 어두운 곳에서만 사는 쥐며느리는 육지에서도 아가미로 호흡을 하기 때문에 온몸이 물에 젖어 있지 않으면 살지 못합니다. 어쨌든 이렇게 작은 생물들은 폐가 발달하지 않아도 크기가 작기 때문에 육지에서 호흡을 할 수가 있었습니다. 우리도 마찬가지인데 대부분의 생물은 피부로 호흡을 합니다. 그러나 덩치가 크면 피부 호흡으로 모든 걸 감당할 수가 없습니다. 그래서 따로 호흡기관이 발달하게 됩니다. 그러나 크기가 작은 동물들은 부피에 비해 표면적이 넓죠. 예를 들어 가로, 세로, 높이가 각각 1센티미터인 정사각형 동물이 있다고 칩시다. 이 경우 부피와 표면적의 비는 1:6입니다. 그런데 가로, 세로, 높이가 각각 2센티미터인 정사각형 동물은 부피 대 표면적의 비가 1:3입니다. 3센티미터가 되면 1:2가 됩니다. 부피가 늘어날수록 속에 파묻힌 세포의 수가 겉넓이에 비해 훨씬 빨리 늘어나니 다른 호흡기관이 제 역할을 충분히 해야 하는 거죠. 반대로 크기가 작은 생물들은 호흡기관이 조금 부실해도 피부 호흡만으로 버틸 수 있는 것입니다. 지렁이 같은 경우도 수분이 충분한 땅속에서 살기 때문에 피부 호흡만으로 충분했죠. 그리고 드디어 척추동물이 육지로 올라옵니다.

우리는 보통 책에서 물고기가 진화를 해서 육상 척추동물이 됐다고 배우는데, 사실은 지금 우리가 알고 있는 물고기인 멸치, 참치가 우리 인간의 조상은 아닙니다. 멸치나 참치 등은 조기어류라는 종류이고, 우리 인간의 조상은 육기어류로 지금 현재 남아 있는 육기어류는 물고기로는 폐어와 실러캔스Coelacanth뿐입니다. 나머지는 다 내쫓았죠. 누가? 지구상에 처음 등장한 물고기는 조기어류나 육기어류가 아닌 아래턱이 없는 무악어류였습니다. 이 무악어류들이 고생대 초의 바다를 헤집고 다녔죠. 그러다 뒤이어 턱을 가진 물고기들이 나타나는데 상어나 가오리의 조상인 연골어류가 먼저였습니다. 연골어류는 뼈가 몽땅 물렁뼈로 되어 있습니다. 그리고 판피어

142

❖ — 인간의 조상 실러캔스

류라고 겉에 딱딱한 껍질이 덮힌 물고기들이 나타나고 난 한참 뒤에
야 조기어류나 육기어류가 나타납니다. 하지만 먼저 있던 이들 연골
어류와 판피어류의 등살에 견디기가 힘들었습니다. 그래서 경쟁을
피해 민물로 도망을 가게 되었죠.

하지만 강에서도 경쟁은 일어납니다. 조기어류와 육기어류 사이
의 경쟁이죠. 조기어류는 피부가 변해서 지느러미가 된 물고기로 지
느러미에 뼈나 근육이 없습니다. 육기어류는 반대로 뼈와 근육이 있
는 지느러미를 가지고 있었죠. 언뜻 생각하기에는 뼈와 근육이 있으
니 더 헤엄을 잘 치고 경쟁력도 있을 것처럼 보이지만, 실제로는 헤
엄치는 데 에너지가 많이 들어 지구력 측면에서 별로 유리하지 않습
니다. 오히려 강이나 바다 바닥을 걷듯이 움직이기에 편리하죠. 어
찌 되었건 둘 사이의 경쟁에서 육기어류가 패합니다. 그래서 이번에
는 강의 상류로 쭉 올라갔는데 강의 상류로 가니 두 가지 문제가 발

생합니다. 첫 번째는 여름이 되면 강이 말라 버려서 호흡을 하기 힘들어지는 것입니다. 그래서 강 상류에서도 호흡을 하기 좋게 진화를 거듭하게 됩니다. 미꾸라지 같은 경우가 대표적인데, 미꾸라지는 아가미로도 호흡을 하지만 소장으로도 호흡을 합니다. 그래서 입을 물 밖으로 뻐끔뻐끔하면서 공기를 마시면 이 공기가 폐로 가는 게 아니라 식도를 지나고 위를 지나고 소장과 대장으로 가서 산소를 집어넣고 이산화탄소를 내놓습니다. 그럼 나머지 이산화탄소는 방귀 뀌듯이 뒤꽁무니로 빼낸다는 거죠. 이렇게 장호흡을 하는 놈이 있는가 하면, 또 어떤 놈들은 아가미 옆에 레버린스Labyrinth 기관으로 호흡을 하게 되었습니다.

그렇다면 인간의 조상은 무엇으로 호흡을 시작했을까요? 바로 식도입니다. 호흡이란 산소를 마시고 이산화탄소를 내뱉는 활동입니다. 식도의 점막 표면에서 일어나죠. 세포막을 통해 들락날락하는 것인데 그러니 호흡을 더 잘하려면 이 피부 표면적이 넓어야 합니다. 그래서 식도의 일부가 아주 복잡한 모습으로 발달합니다. 그리고 나중에 아예 식도가 양쪽으로 나뉘어 한쪽이 폐가 되죠. 물론 육기어류만 이런 건 아닙니다. 조기어류도 마찬가지로 이런 변화를 보였습니다. 그러나 조기어류의 경우 폐가 아니라 부레라는 기관으로 바뀌었습니다. 그래서 이 부레에 담긴 공기 양에 따라 떠오르기도 하고 가라앉기도 하는데 이를 통해 더 효율적으로 헤엄을 칠 수 있게 되었습니다. 조기어류는 부레를 무기로 다시 바다로 향합니다. 그리고 부레가 없이 활동해야 하는 연골어류와의 경쟁에서 다시 이기게 되죠. 지금 바다에 상어나 홍어 같은 연골어류보다 조기어류, 우리가 흔히 물고기라고 이야기하는 친구들이 훨씬 많은 이유입니다.

한편 육기어류는 조기어류처럼 다시 바다로 되돌아가지 못하고 강 상류에 남아 있다가 폐가 생기고 난 다음에는 지느러미가 다리처럼 바뀌게 됩니다. 물구덩이가 마르면 다시 다른 물구덩이로 옮겨 갈 때 좀 더 수월하게 이동하기 위해서였죠. 이처럼 다리가 처음에 생긴 이유는 육지에서 돌아다니기 위해서가 아니라 말라 버린 물구덩이에서 다른 물구덩이로 넘어가기 위해서였습니다. 다음으로 목이 생깁니다. 물고기는 목이 없지만 우리 인간에게는 목이 있습니다. 그렇다면 목은 왜 생기게 된 걸까요? 우리의 등에 있는 등뼈를 척추라고 하는데, 물고기는 대가리에서부터 꼬리까지 척추가 똑같은 모양으로 생겼습니다. 고등어구이를 먹고 난 뒤에 남은 가시를 보면 알 수 있죠. 하지만 인간의 경우 목을 구성하는 뼈, 즉 경추의 구조와 척추의 구조는 다릅니다. 그래서 목을 뻣뻣하게 들거나 좌우로 돌리는 것이 가능하죠. 바로 이 목이 육지로 올라오는 시점부터 발달하기 시작합니다. 육지로 올라온 생물들은 전부 다 목을 구분할 수 있지만 물속에서 사는 생물들은 목을 구분할 수가 없습니다. 포유류인 고래는 원래 육지에 살다가 다시 물속으로 돌아갔기 때문에 겉에서 보기에는 목이 보이지 않습니다. 그렇게 목이 생기고, 갈비뼈와 골반이 만들어지면서 육기어류는 육지에 적응하게 됩니다.

갈비뼈는 두 가지 이유로 생깁니다. 하나는 폐와 심장을 받치기 위한 것으로 물에서는 물의 부력 때문에 아무 문제가 없지만 육지에 올라오면 중력 때문에 폐가 아래로 깔립니다. 이래서는 호흡을 하기 힘들기 때문에 폐를 받치는 역할을 하기 위해 갈비뼈가 생긴 것입니다. 또 하나 폐는 산소와 이산화탄소가 드나들기 좋게 아주 얇은 막으로 되어 있습니다. 그러다 보니 근육이 없어 스스로 움직이지 못합니다. 따라서 호흡을 하기 위해 폐를 부풀렸다 다시 줄였다 하는 일은 주변 뼈들의 몫이 되었습니다. 지금도 우리가 호흡을 할 때면 갈비뼈가 올라갔다 내려갔다 하면서 가슴을 움직이죠. 골반이 생기면서 육지 척추동물은 꼬리와 척추의 구분이 가능해졌습니다. 물고기를 보면 꼬리와 척추의 구분이 쉽지 않습니다. 하지만 육지 동물은 사지가 있기 때문에 앞다리와 그를 지탱하는 어깨가 목과 척추를 구분하는 경계가 되고, 뒷다리와 이를 지탱하는 골반이 척추와 꼬리의 경계가 됩니다. 이 모든 것이 고생대 실루리아기, 데본기 때에 생긴 일입니다.

그리고 또 한 번 대멸종이 일어납니다. 이번에도 빙하기가 찾아왔기 때문입니다. 육지에 올라온 식물들이 이산화탄소로 광합성을 하기 시작하면서 이산화탄소가 줄어들고 다시 지구가 얼어붙게 된 것이죠. 거기에 육지에 있는 돌들이 풍화작용과 침식작용에 의해 쪼개져 강물에 쓸리다가 바다로 흘러가면서 바닷속에 영양 성분이 갑자기 늘어나게 되고, 바닷속에 영양 성분이 늘어나자 광합성을 하는 식물성 플랑크톤이 많아져 이산화탄소는 더 줄어들게 됩니다. 그렇게 지구의 온도는 점점 내려가 빙하기가 되고 다시 멸종이 시작되는데 산소 농도가 줄어들면서 다시 물속에 있는 생물들이 대멸종을 합니다. 하지만 이 당시 대멸종은 광합성을 통해 산소를 공급받았던 육지에 사는 생물들이 아닌 물속에 사는 생물들에게 가혹했습니다. 이렇게 물속에 사는 생물들이 거의 다 사라지고 난 뒤 다시 500만 년이 흐릅니다.

석탄기, 대멸종 이후

캄브리아기, 오르도비스기가 끝나고 한 번의 멸종이 있었고, 실루리아기, 데본기가 끝나고 또 한 번의 멸종이 있었습니다. 두 번의 대멸종으로 고생대의 3분의 2가 지나갔습니다. 그리고 석탄기가 찾아옵니다. 왜 석탄기라는 이름이 붙었을까요? 지금 우리가 사용하고 있는 석탄의 90% 이상이 이 시기에 나왔기 때문입니다. 나무가 죽어서 쓰러지고 난 다음 분해가 되지 않고 땅속에 묻힌 게 석탄이 되는데 유독 이 시기에만 석탄이 많았던 건 왜일까요? 이 시기에 나무들이 많이 번성한 것도 사실이지만 아직 진화의 초기였던 터라 딱딱한 나무를 분해할 수 있는 생물들이 없었기 때문입니다. 그래서 당시에는 나무가 쓰러지면 천 년이고 이 천 년이고 그냥 쓰러진 상태로 유지가 되다가 땅속에 묻혀서 석탄이 된 것이죠.

앞서 이야기한 것처럼 광합성을 하기 위해선 주변의 식물보다 높이가 조금이라도 더 높은 것이 유리합니다. 하지만 높이 올라가기 위해서는 밑에서 튼튼하게 받쳐 줘야 하겠죠. 처음 나무가 진화했을 때는 대부분 아래는 굵고 위는 가느다란 모양이었습니다. 아래쪽의 넓이가 위쪽보다 훨씬 넓었죠. 우리 선조들이 만든 건물들도 그렇습니다. 건축 기술이 발달하지 않았던 과거에는 3, 4층 이상의 건물이 없었던 것과 같은 이유죠. 아주 큰 건축물을 만들 때는 피라미드처럼 아래는 넓고 위는 뾰족하게 만들어야 했습니다. 그렇지 않은 건물은 제 무게를 감당하지 못해 무너졌죠. 고생대 초기의 식물들도 이러했습니다. 그러나 우리가 콘크리트와 철근을 통해 몇십 층의 높은 빌딩을 짓듯이 식물들도 새로운 무기를 개발합니다. 바로 리그닌 Lignin이란 물질입니다. 나무가 풀과 달리 아주 단단한 건 이 리그닌이란 물질 때문입니다. 나무를 지탱해 주는 목질부에 이 물질이 포함되면서 나무는 좀 더 튼튼하게 그리고 높이 설 수 있게 됩니다. 그런데 이 물질을 분해하는 녀석들이 당시에는 없었기 때문에 나무가 쓰러져도 분해가 되질 않고 그저 묻혀 버렸던 것입니다.

지금도 동네 뒷산에 가면 죽은 나무들이 버티고 서 있는 걸 볼 수 있습니다. 하지만 자세히 보면 버섯이나 좀, 곰팡이들이 나무를 조금씩 분해하고 있는 걸 확인할 수 있습니다. 물론 리그닌도 분해할 수 있죠. 그래도 큰 나무는 거의 십 년 넘게 버팁니다. 그런데 석탄기에는 이런 녀석들이 없었으니 죽어 쓰러진 나무들도 수백 년을 버티다가 땅속에 묻혀 석탄이 되었던 것입니다.

대멸종 이후 석탄기 들어 이렇게 다시 식물부터 번성을 하기 시작합니다. 그럼 앞서의 경우처럼 산소 농도가 높아지겠죠? 하지만 이제는 산소 농도가 높아져도 온도가 낮아지지 않는 조건들을 갖추

148

❖ ── 석탄기의 상상도. 날개폭이 1미터가 넘는 거대한 잠자리가 날고 있다.

게 되었기 때문에 생물들이 살기 좋은 환경이 됩니다. 그래서 곤충들, 거미, 새우 같은 절지동물들의 크기가 엄청나게 커지는데, 메가네우라Meganeura라는 이름의 잠자리의 경우 날개 길이가 1.5미터에 달했고, 지네와 비슷하게 생긴 노래기 중에는 2.5미터가 넘는 것도 있었습니다. 산소 농도가 높고 호흡이 편해지자 곤충들의 크기는 점점 커져서 석탄기를 곤충의 시대, 거대 절지동물의 시대라고도 부릅니다. 사실 절지동물은 앞서 이야기한 38개 문으로 이루어진 모든 동물 종 중에서 약 4분의 3을 차지하고 그중에서도 곤충이 전체의 80% 이상을 차지하는 만큼 지금 역시 곤충의 시대라고 불러도 과언은 아닙니다. 어떻게 보면 이런 절지동물이 육상에서 가장 성공적인 동물이라고 볼 수 있겠죠.

석탄기는 약 5천만 년 정도 지속되는데 후기로 갈수록 육상 척추동물들이 육지에 적응하기 시작해 곤충들을 잡아먹으러 다니게 됩니다. 그래서 곤충들은 높은 나무 위로 도망을 가게 되었죠. 그리고 이 나무 저 나무 옮겨 다니기 위해 곤충의 일부가 날개를 가지기 시작합니다. 이전까지는 날개가 없었다는 뜻이겠죠. 그렇다면 곤충의 어느 부분이 날개가 되었을까요? 바로 아가미입니다. 새 같은 경우는 앞다리가 날개가 되고, 박쥐도 익룡도 앞다리가 날개가 되었는데 곤충만은 물속에서 살 때 필요했던 아가미가 더 이상 필요 없게 되자 날개로 진화합니다.

날아다니는 곤충은 크게 두 부류로 나뉩니다. 잠자리가 앉아 있는 모습을 본 적이 있을 겁니다. 잠자리는 날개 두 쌍을 양쪽으로 편 채 앉죠. 반대로 나비는 위로 모아서 앉습니다. 나비처럼 날개를 젖힐 수 있는 곤충을 신시하강이라고 하고, 잠자리처럼 접을 수 없어 편 채로 있는 곤충을 고시하강이라고 합니다. 하늘에서 보면 접은 날개는 하나의 선처럼 보이지만 펼친 날개는 그대로 노출이 되죠. 잠자리와 같은 고시하강은 처음 진화했을 때 자신을 잡으려 드는 다른 날짐승이 없었으니 굳이 날개를 접을 필요가 없었습니다. 하지만 뒤늦게 하늘을 날게 된 신시하강 곤충의 경우 먼저 하늘을 날고 있던 잠자리와 같은 포식 곤충이 하늘에서 노리고 있으니 되도록 눈에 띄지 않기 위해서 날개를 접는 방향으로 진화하게 된 것입니다. 나비, 벌, 메뚜기, 파리, 모기 등 지금 우리가 알고 있는 대부분의 곤충은 신시하강입니다. 잠자리와 하루살이는 고시하강에 머물러 있는데 하루살이의 경우 오래 살아야 일주일이기 때문에 날개에 공을 들일 필요가 없는 거겠죠.

고생대 석탄기는 산소 농도도 높았지만 또 매우 따뜻하고 비도 많았습니다. 비가 많으면 숲이 우거지게 됩니다. 지금도 마찬가지요. 위도 별로 보면 적도 부근 비가 아주 많이 오는 지역에 숲이 가장 무성한데 이곳을 열대우림 지역이라 합니다. 그리고 비가 좀 적게 오는 온대에는 사막이나 초원이 많습니다. 온대에서 냉대로 올라가면 다시 비가 많이 오는 지역이 나타납니다. 이곳에 한대 침엽수림 지역이 있습니다. 시베리아의 타이가 숲 지대와 미국의 북쪽, 캐나다 아래쪽의 침엽수림 지대, 그리고 유럽의 슈바르츠발트Schwarzwald, 즉 검은 나무숲이 여기에 속합니다.

석탄기 전반에 걸쳐 비가 많이 내리자 나무들도 쑥쑥 자라고, 늪지도 발달하게 됩니다. 그리고 죽은 나무가 쓰러지면 늪으로 가라앉게 되는데 딱딱한 나무를 분해할 생물들이 아직 없었기 때문에 나무는 썩지도 않고 그대로 가라앉아 있게 됩니다. 앞서 이야기했듯이 나무를 딱딱하게 만드는 성분을 리그닌이라고 하는데 이 리그닌을 분해하는 대표적인 것이 바로 버섯입니다. 석탄기에는 리그닌을 분해하는 버섯이 아직 등장하지 않았죠.

이렇게 쑥쑥 자란 식물들은 여전히 포자로 번식을 하고 있었습니다. 고사리의 경우를 보면 포자가 퍼지면서 포자에서 싹이 나고 장정기와 장란기가 올라옵니다. 장정기에서는 정자가 생기고 장란기에서는 난자가 생기는데 정자가 헤엄을 쳐서 난자로 갑니다. 인간과 똑같죠. 헤엄을 치려면 물이 필요한데 물이 풍부한 곳은 이미 다른 식물들이 다 차지를 하고 있는 거죠.

그런데 다른 생물과 마찬가지로 식물에도 여러 돌연변이가 일어나는데 그중 정자의 꼬리가 없거나 아주 짧아지는 돌연변이가 일어나기도 합니다. 꼬리가 짧거나 없으면 헤엄을 치지 못하니 물가에 사는 식물에게는 불리한 변이입니다. 그러나 꼬리가 없는 만큼 가볍기 때문에 바람에 날리기에는 오히려 더 유리하죠. 그리고 식물이 눈이 있는 것도 아니니 장란기 중에는 물가에서 벗어난 곳에 있는 녀석들도 있어서 그곳으로 우연히 꼬리가 없는 정자가 들어가 번식에 성공합니다. 이런 일이 여러 번 반복되면서 물가에서 벗어난 곳에서는 꼬리 없는 정자를 만드는 식물들이 오히려 그 수를 늘리게 됩니다. 그런데 꼬리가 움직이려면 에너지가 있어야 합니다. 이 에너지를 얻기 위해 정자에는 미토콘드리아가 굉장히 많이 있어야 하는데 꼬리가 없는 녀석들에는 이런 미토콘드리아도 필요가 없겠죠. 그래서 미토콘드리아를 덜 만드는 돌연변이가 생긴 녀석들이 더 유리해집니다. 이렇게 점점 필요 없는 걸 빼는 돌연변이가 이어지면서 이제 딱 염색체만 들어 있는 상태, 즉 꽃가루가 됩니다.

꽃가루가 생겼다는 건 꽃이 생겼다는 의미입니다. 페름기 초, 석탄기 말쯤에 드디어 꽃이 피는 식물들이 나타나게 됩니다. 그래서 앞서 이야기했던 장정기는 수술이 되고, 장란기는 암술이 되고, 정자는 꽃가루, 난자는 밑씨가 됩니다. 하지만 아직 꽃의 모양은 제대로 갖춰지지 않았습니다. 소나무 꽃 본 적 있나요? 은행나무 꽃은? 우리는 보통 꽃잎이 있어야 꽃이라고 생각합니다. 그런데 꽃가루가 바람에 날리는데 꽃잎이 있으면 거추장스럽겠죠? 또 쓸데가 없는데 에너지를 낭비하는 것도 불필요한 일입니다. 그래서 소나무나 은행나무는 애초에 꽃잎을 만들지 않았습니다. 소나무를 자세히 보면 뾰족한 부분 양쪽으로 노란색으로 보이는 것이 수술입니다. 뾰족한 건 암술이죠. 그리고 수술에서 빠져나오는 꽃가루를 흔히 송홧가루라고 부릅니다. 암술이 수정이 되어서 씨앗을 만들면 암술머리 위로 씨앗이 맺히게 되죠. 이렇게 꽃은 피지만 우리 눈에는 꽃으로 보이지 않는 식물들이 탄생하게 됩니다. 이런 식물들을 우리는 겉씨식물이라고 부릅니다.

멸종에서 살아남는 법

은행나무는 재미있는 것이, 은행나무문, 은행나무강, 은행나무목, 은행나무과, 은행나무속, 은행나무종 중에 친척들은 모두 멸종하고 단 하나밖에 남아 있지 않습니다. 사람으로 치면 척추동물문 전체에 사람 한 종만 남아 있는 것과 같은 경우죠. 이렇게 멸종을 당했다는 건 생태계에 적응을 못했다는 건데 그렇다면 은행나무도 이미 멸종이 되었어야 하는 것 아닐까요? 여기서 한 번 곰곰이 생각해 봅시다. 가을이 되면 노랗게 물드는 은행나무들이 길가에는 그렇게 많은데 왜 동네 뒷산에는 한 그루도 없을까요? 동네 뒷산, 아무리 돌아다녀 봐도 은행나무는 없습니다. 있다 해도 사람이 있는 절 근처에 있겠죠. 왜일까요? 은행나무는 생태계 내에서, 다른 식물들과의 경쟁에서 이길 수가 없기 때문입니다. 전 세계 어디를 돌아다녀 봐도 은행나무가 자기 혼자 힘으로 숲을 이루고 있는 경우는 없습니다. 오로지 인간에 의해서만 견디고 있다는 이야기입니다. 또 하나 신기한 건 은행나무의 꽃가루에는 꼬리가 달려 있는데 그게 바로 정자입니다. 워낙 작아서 우리 눈에는 잘 보이지 않죠. 그리고 은행나무 암꽃에는 물이 고여 있는데 정자인 꽃가루가 거기 닿으면 헤엄을 쳐서 들어가게 됩니다. 굉장히 어렵게 사는 나무죠? 겉씨식물이지만 이전 정자와 난자 시절의 추억을 가지고 사는 식물인 셈입니다. 그 추억 때문에 멸종의 위기에 처해졌지만 말이죠.

그리고 드디어 페름기 말, 즉 고생대가 끝날 무렵 지구상에서 이제까지 일어났던 사건 중 가장 큰 사건, 지구상의 동물 종 99%가 사라진 대멸종이 일어납니다. 고생대 말 페름기에 어마어마한 화산 폭발이 일어나면서 현재 러시아의 3분의 1에 해당하는 지역이 수 킬로미터 두께의 용암으로 덮여 버립니다. 약 백만 년 동안 끊임없이 폭발하면서 지금의 인도 면적만 한 넓이가 전부 다 용암으로 뒤덮이게 되었는데 이를 시베리안 트랩이라고 부릅니다.

이런 정도의 폭발이 일어나면 무슨 일들이 생기게 될까요? 먼저 화산재가 10년, 20년 동안 성층권을 뒤덮습니다. 햇빛을 다 반사시키고 지구의 온도가 뚝뚝 떨어지겠죠. 한랭화가 시작되면서 생명체들이 죽어갑니다. 화산재가 다 사라지면 원래대로 돌아올까요? 화산 가스의 대부분은 이산화가스와 수증기입니다. 수증기는 비로 내려 오지만 이산화탄소는 사라질 일이 없으니 이산화탄소 농도가 계속 높아지고, 앞선 대멸종과 달리 이번엔 거꾸로 지구의 온도가 높아져 이전과는 다른 양상의 죽음이 찾아옵니다.

먼저 지구의 온도가 높아지기 시작하면서 바다의 온도도 올라가기 시작합니다. 바다의 온도가 올라가면 산소가 녹지 못해 바닷속에 있던 생물들이 죽고, 죽은 생물들을 분해하기 위해 산소를 쓰다 보니 또 죽고. 그런데 예전엔 이게 끝이었지만 이번엔 더 큰 일이 남았습니다.

바다 아주 깊은 곳에는 메탄하이드레이트라고 하는 얼음이 있습니다. 바다에 사는 생물이 죽으면 그중 일부는 가라앉아 바닥에 놓입니다. 이 녀석들을 심해에 사는 세균 등이 분해하는데 심해 밑바닥에는 산소가 거의 없어 이들을 분해하는 것은 산소를 거의 쓰지 않는 메테인 세균입니다. 즉 분해할 때 메테인이 나온다는 말이죠. 또 바다 밑바닥은 온도가 매우 낮습니다. 햇빛이 전혀 닿질 않으니까요. 그리고 바다의 평균 수심이 약 3~4킬로미터 정도니 수압은 300~400기압 정도 됩니다. 이런 조건에서 메테인이 핵 역할을 해서 메테인을 중심으로 주변 물 분자가 달라붙어 얼음이 됩니다. 바다 생물들이 많이 사는 해안을 중심으로 심해에 이런 메탄하이드레이트가 계속 생기게 되는 거죠. 우리나라도 독도 부근에 메탄하이드레이트가 아주 많이 매장되어 있습니다.

수백만 년, 수천만 년 이렇게 가라앉은 메탄하이드레이트의 양은 어마어마하게 많습니다. 그리고 극지방에선 얕은 곳의 바닷물도 차갑기 때문에 심해가 아닌 대륙붕의 얕은 바다에도 메탄하이드레이트가 아주 많이 있습니다. 바다의 수온이 올라가면서 메탄하이드레이트가 녹기 시작하고, 메테인 가스는 바다에서 대기권으로 빠져나갑니다. 문제는 이 메테인의 화학식이 CH_4, 즉 탄소 하나에 수소네 개가 달렸는데, 대기 중에서 산소와 만나면 타버린다는 겁니다. 뭐랑 똑같냐 하면 집집마다 도시 가스가 있죠? 그 도시 가스가 바로 메탄가스입니다. 여기에다 불을 붙이면 일어나는 것과 똑같은 현상이 일어납니다. 가장 심각한 문제는 수증기와 이산화탄소가 늘어나고 지구 온도가 높아지면서 공기 중에 있던 산소가 사라지게 되는 것입니다. 페름기 말쯤 되면 지구상에 산소 농도가 에베레스트산 꼭대기와 비슷해지고 거의 대부분의 생물들이 죽음을 맞이합니다. 이것이 바로 지금까지 지구상에서 일어났던 멸종 사건 중에 가장 큰 페름기 대멸종입니다. 그리고 공룡 시대가 열리게 됩니다.

이렇게 세 번의 멸종을 통해 우리가 깨닫게 되는 점들이 있습니다. 세 번의 멸종에는 공통점이 있는데, 먼저 제일 꼭대기에 있는 포식자는 절멸한다, 왜? 산에 호랑이의 수가 많은가요, 아니면 토끼의 수가 많은가요? 아프리카 초원에 사자가 많은가요, 아니면 소와 사슴이 많은가요? 잡아먹는 동물의 숫자가 먹히는 동물의 숫자보다 적죠? 안 그래도 수가 적은데, 멸종의 순간이 되면 한두 마리가 살아남는다 해도 제대로 짝짓기를 할 수가 없어 전멸하게 되겠죠. 어떤 멸종이든 대부분의 최상위 포식자는 사라져 버리게 됩니다. 두 번째, 빨리 움직이는 동물은 절멸합니다. 빠르게 움직이려면 에너지를 많이 써야 하는데 산소 농도가 낮아지면 에너지를 많이 만들 수가 없기 때문입니다. 나무늘보 같은 게으름뱅이들이 살아남는 거죠. 그다음 덩치가 큰 동물은 절멸합니다. 이것도 마찬가지로 멸종 사건이 일어나면 대부분 산소 농도가 낮아지는데 덩치가 큰 동물들은 그만큼 호흡하기가 어렵기 때문에 살아남기가 힘들어지겠죠. 마지막으로 편식을 하면 절멸합니다. 대부분의 동물들이 다 죽고 살아 있는 먹이가 별로 없는데 편식을 하다가는 살아남지 못하겠죠.

자, 지금까지 살펴본 멸종은 결국 지구의 온도가 낮아져도, 올라가도 생길 수 있었습니다. 그런데 사실은 페름기 대멸종 때 지구의 온도가 올라가는 정도가 19~21세기 사이 우리 인간이 석탄을 때고 석유를 태워 올라가는 정도보다 느렸습니다. 지금 우리는 훨씬 더 빠른 속도로 지구의 이산화탄소 농도를 높이고 있죠. 우리 인간이 제6의 멸종을 앞당기고 있는 것은 아닌지 다 함께 생각해 보면 좋겠습니다.

6

중생대와
신생대

대륙이 움직이다

중생대가 막 시작될 때의 지도를 보면 지금과는 매우 다른 모습입니다. 위쪽을 로라시아 대륙, 아래쪽의 큰 덩어리를 곤드와나 대륙이라고 부르는데 이 둘이 붙어서 판게아라는 초대륙을 만든 것이 고생대 석탄기 때입니다. 그리고 이 판게아가 분리되면서 중생대가 시작됩니다.

사진(162쪽)의 맨 왼쪽이 현재의 모습이고, 오른쪽이 가장 오래전 지구의 모습입니다. 영어로 Ma라고 쓰여 있는데 백만 년을 나타내는 단위로, 170Ma는 그래서 17억 년 전을 의미합니다. 순서대로 15억 년, 12억 년, 10억 년, 9억 년, 6억 년, 5억 년, 3억 년, 2억 년 전의 지구의 모습을 나타냅니다. 3억 5천만 년과 2억 년 사이에는 고생대가 시작되죠. 이 지도들을 보면 실제로 대륙이 점점 이동을 했다는 사실을 확인할 수 있습니다. 바로 대륙이동설이죠.

우리는 흔히 독일의 물리학자인 베게너가 처음으로 대륙이동설

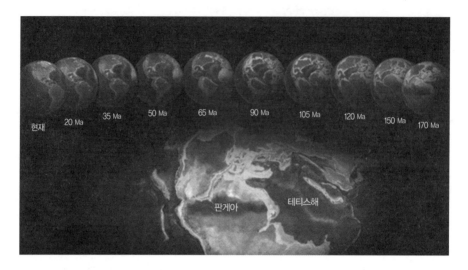

현재　20 Ma　35 Ma　50 Ma　65 Ma　90 Ma　105 Ma　120 Ma　150 Ma　170 Ma

판게아　테티스해

❖ ― 움직이는 대륙

을 주장했다고 알고 있지만, 사실은 16세기 말에 벨기에의 지리학자인 오르텔리우스Abraham Ortelius가 먼저 남아메리카의 동해안과 아프리카 서해안이 오래전에는 붙어 있었다는 주장을 시작합니다. 그러고 나서 19세기 초에 오스트리아의 지리학자인 쥐스Eduard Suess가 다시 남미, 아프리카, 중유럽, 아라비아, 남극, 호주, 인도가 하나의 대륙, 즉 곤드와나였다는 주장을 합니다. 이 주장을 받아들여 베게너가 본격적으로 대륙이동설을 주장하게 되었죠.

하지만 당시에는 대부분의 사람들이 대륙이동설을 받아들이지 않았습니다. 그 이유는 첫째, 이 무거운 대륙을 누가 무슨 힘으로 밀겠느냐는 것이었고, 두 번째로는 당시만 해도 지구의 나이가 기껏해야 1~2억 년 정도일 거라고 생각하고 계산을 해 봤더니 대륙이 너무 빨리 움직였던 것입니다. 1초에 2.5미터씩 움직여야 현재의 모양이 설명이 되는데, 옛날에는 2.5미터씩 움직이던 대륙이 지금은 왜 안 움직이느냐고 하면 할 말이 없었겠죠. 그리고 세 번째로는 베게너가 정통 지질학자가 아니라 기상학자였다는 점도 작용합니다. 그래서 베게너의 대륙이동설은 지질학계에서 거의 외면당하다시피 했습니다. 하지만 베게너가 평생을 바쳐 수집한 정보는 대륙이 이동했다는 걸 강력하게 증명합니다. 크게 네 가지 증거가 있습니다.

첫째, 남아메리카 대륙과 아프리카 대륙의 해안선 모양이 일치한다는 점입니다. 사실 우리가 직접 세계지도를 잘라서 서로 붙여보면 딱 맞아떨어지지 않습니다. 왜냐하면 우리가 보는 평면상의 지도는 왜곡된 형태이기 때문입니다. 원래 동그란 모양의 지구 위에 놓인 대륙을 평면에 펼쳐서 보려니 당연히 맞아떨어지지 않겠죠. 동그란 지구본에 있는 걸 잘라서 붙이면 훨씬 정확하게 들어맞는 걸 볼 수가 있습니다. 하지만 해안선에 숨어 있는 대륙붕까지 고려하면 그래도 조금은 덜 맞아떨어진다고 봐야 할 텐데, 지구가 빙하기였던 시절에 바닷물이 아래로 내려가 육지가 다 드러났을 당시의 해안선은 완전히 딱 들어맞았겠죠. 어느 정도로 잘 맞았느냐 하면 A4 용지 10장을 가지고 와서 아무렇게나 막 찢은 다음 서로 맞춰 보면 아무리 잘 찢는다고 해도 서로 딱 맞는 짝은 하나씩밖에 없는 것처럼 당시 해안선의 위치도 마찬가지였습니다.

대륙이동설의 두 번째 증거는 고생물 화석의 분포입니다. 석탄기와 페름기에 걸쳐 해안가에 살던, 지금의 수달과 비슷하게 생긴 메소사우루스는 몸집이 매우 작아서 고작해야 10킬로미터 정도 헤엄을 칠 수 있는 동물이었습니다. 그런데 이 동물이 아프리카에서도 발견되고 오스트레일리아에서도 발견되고 남아메리카에서도 발견이 된 거죠. 결국 옛날에는 한 곳에서 살았지만 대륙이 이동하면서 지금은 수천 킬로미터 떨어진 곳에서 동일한 메소사우루스의 화석이 발견된 것이죠.

대륙이동설의 세 번째 증거는 빙하의 흔적입니다. 지구가 몇 번의 빙하기를 거치면서 얼어붙었던 당시 지구 전체에서 적도를 중심으로 위아래 위도 30도 부근은 얼지 않았습니다. 즉 위쪽으로 30도, 아래쪽으로 30도 정도 되는, 적도를 중심으로 한 부근은 얼지 않았다는 거죠. 그런데 우리는 현재 인도와 아프리카의 적도 가까운 부근에서 옛날 빙하의 흔적을 발견합니다. 즉 옛날에는 인도와 아프리카가 더 아래쪽이나 더 위쪽에 있었다는 증거가 되죠.

마지막 대륙이동설의 증거로 지질 구조의 연속성을 들 수 있습니다. 미국 대륙 중서부에는 애팔래치아라는 큰 산맥이 미국 남쪽에서 북쪽까지 이어집니다. 거의 캐나다까지 이어지죠. 그리고 그린란드가 있고, 대서양 건너서 영국 쪽으로 가게 되면 영국 위쪽이 스코틀랜드 지역, 더 위로 올라가면 지금의 노르웨이와 스웨덴이 있는 스칸디나비아에도 모두 산맥이 흐르는데, 지금 이야기한 이 모든 산맥들이 지질 구조를 확인해 보니 하나로 이어진다는 것입니다. 이런 증거들을 바탕으로 옛날에는 대륙이 지금과는 다르게 하나로 붙어 있었다는 걸 알 수 있습니다. 이 부분에서 산맥이 만들어진 걸 칼레

도니아 조산운동이라고 합니다.

　그런데 앞서 이야기한 대로 무엇이 대륙을 움직였는가, 어떻게 그렇게 빨리 움직였는가 하는 두 가지 문제가 남아 있었습니다. 그러다가 20세기 초에 영국의 지질학자인 홈즈Arthur Holmes가 맨틀 대류가 상승하는 부분에서 대륙이 갈라져 이동한다는 주장을 펼칩니다. 이때까지만 해도 판 구조론에서 나오는 판이라는 개념은 없었습니다. 그냥 맨틀 위에 지각이 얹혀 있다는 정도로만 알고 있었죠. 그러다가 제1차 세계대전이 시작되는데 이때 유보트라는 독일의 대형 잠수함이 등장합니다. 그리고 독일의 유보트에 대항하기 위해 미국과 영국도 잠수함을 개발하기 시작합니다. 유럽에서 전쟁이 발발했고, 미국은 유럽에 군수 물자를 대 주고 있던 상황이었는데 숨어 있던 독일 잠수함들이 군수 물자를 가지고 미국에서 유럽으로 건너가는 미국의 배들을 습격하기 시작합니다. 이런 과정에서 대서양을 사이에 두고 잠수함들이 왔다 갔다 하며 싸움이 시작되는데 그러면서 해저의 지형을 잘 파악해야 할 필요가 생기게 되는 거죠. 어딘가 해저에 산이 하나 있으면 잠수함이 좌초될 수도 있으니까요. 더군다나 지금처럼 잠수함이 많이 개량된 때가 아니라서 당시에는 잠수함에서 바깥을 볼 수가 없었습니다. 미리 해저 지형을 확인하지 않으면 안 됐던 거죠.

　그래서 미국과 유럽이 대서양 전체를 훑으면서 바닷속 지도를 그리기 시작합니다. 그랬더니 대서양의 한가운데서 커다란 산맥이 발견되는데 이 산맥의 길이가 알프스산맥과 히말라야산맥을 합친

것보다 훨씬 더 길었습니다. 이 산맥이 어떻게 형성되었는지를 연구하는 과정에서 바다가 중앙 해령 부근을 중심으로 맨틀 대류가 올라오는 힘에 의해 계속 확장되고 있다는 사실을 확인하게 됩니다. 이것이 바로 해저확장설입니다.

해저확장설은 1960년 미국의 과학자인 헤스H. Hess가 최초로 주장하는데 그 증거들로는 해저 지각의 나이, 퇴적물의 두께, 그리고 고지자기 역전을 듭니다. 해령에서 멀어질수록 해저 지각의 나이는 더 오래되었기 때문에 퇴적물의 두께가 더 두꺼워지는 건 당연하겠죠. 그다음 중요한 것이 바로 고지자기의 역전 현상인데, 지구 전체는 하나의 커다란 자석입니다. 지구의 북극은 S극, 남극은 N극인데, 문제는 이것이 몇십만 년, 몇백만 년을 주기로 뒤집어지는 거죠. 즉 지금은 북극이 S극인데 몇십만 년 전에는 N극이었다가 또 그보다 더 몇십만 년 전에는 S극이었다가를 반복한다는 겁니다. 이것을 바로 고지자기의 역전 현상이라고 얘기합니다.

그럼 이 현상 때문에 어떤 일들이 벌어질까요? 바닷속 해령에서 화산이 폭발해 용암이 흘러나오면 용암 안에 있던 물질 중에 철 성분들이 서서히 굳으면서 자철석이라고 하는 천연 자석이 됩니다. 이 천연 자석은 북쪽을 향해 N극을 나타내고, 남쪽을 향해 S극을 나타냅니다. 그런데 옛날에는 지구 북쪽이 N극이었을 때 이 천연 자석이 N극이 아닌 S극을 나타냈습니다. 이렇게 자기장의 방향에 따라서 파묻혀 있는 자석들의 방향도 반대로 바뀌는 현상이 발견됨으로써 해저확장설을 확인할 수 있게 됩니다.

그리고 지질학이 더 발달하면서 지구 표면의 지각과 맨틀의 제일 위쪽이―이 부근을 암석권이라고 합니다―하나가 아니라 여러 개의 판으로 나누어져 있다는 걸 알게 되었죠. 또 이 판들이 그 밑에 있는 맨틀의 대류에 의해 여기저기로 이동한다는 사실도 파악하게 되었습니다. 이를 판구조론이라고 합니다. 우리나라와 일본, 중국은 유라시아 판에 속합니다. 그러나 일본은 동쪽 해안 바로 앞에 태평양판과 마주치고 있고, 아래로는 필리핀판과 마주치고 있습니다. 그래서 이 판의 경계에서 끊임없이 지진이 일어나고 화산 폭발도 일어납니다. 특히 태평양판이 주변의 대륙판과 마주치는 태평양의 해안을 따라 화산과 지진 활동이 활발해서 흔히 불의 고리Ring of fire라고 부릅니다.

또 20세기 들어 방사성 동위원소를 통해 지구의 나이가 1, 2억 년이 아니라 45억 년이나 된다는 사실도 밝혀졌습니다. 방사성 동위원소는 일정한 시간이 지나면 전체 원소 중 절반이 사라지는 반감기를 가집니다. 가령 탄소14의 경우에는 5730년이고, 우라늄238은 44.6억 년입니다. 따라서 처음에 얼마나 있었는지를 알고 지금 현재 얼마인지를 알면 시간이 어느 정도 흘렀는지를 알 수가 있죠. 이런 방법으로 암석들의 연령을 측정합니다. 지금까지 발견된 지구상의 암석 중 오래된 것은 40억 년이 넘습니다. 2019년에는 달에서 채취한 암석이 40~41억 년 전 지구에서 생성된 암석인 게 확인되어 화제가 되기도 했습니다. 하지만 지구는 앞서 이야기했던 것처럼 마그마의 바다 시절을 지났기 때문에 그 이전의 암석은 존재하지 않습니다. 그러나 지구와 비슷한 시기에 만들어진 소행성 중에는 마그마의 바다를 거치지 못한 것들도 있습니다. 이들 중 일부가 지구에 떨어져 운석이 되었는데 이들의 연령을 측정했더니 45억 년 정도 되었다는 걸 알게 된 것이죠. 지구의 나이가 45억 년이나 되기 때문에 대륙이 일 년에 불과 몇 밀리미터씩만 움직여도 지구 전체의 모습을 변모시킬 만큼의 시간이 있는 셈입니다.

공룡의 시대, 파충류의 시대

중생대는 크게 세 번의 시기로 나뉩니다. 맨 처음이 트라이아스기, 두 번째가 쥐라기, 세 번째가 백악기입니다. 트라이아스기에도 공룡이 보이기는 하지만 전성기는 아니었습니다. 트라이아스기에는 페름기 대멸종에서 간신히 살아남은 생물들이 여기저기서 활발한 진화를 통해 생태계의 빈자리를 채웁니다. 그중 하나는 지배파충류 Archosauria라 부르는 공룡과 익룡 그리고 악어의 공통 선조들이었는데 처음에는 미미한 존재들이었습니다. 대신 리스트로사우루스라는 단궁류 척추동물이 트라이아스기 초기의 육지를 지배합니다. '사우루스'라는 이름이 붙어 있지만 실제로는 포유류의 조상 격인 생물입니다. 곧이어 같은 단궁류 중 수궁류가 리스트로사우루스를 제압하기 시작하는데 단궁류 중에서도 현재 존재하는 포유류의 직접적인 선조 격에 해당합니다. 그러나 수궁류 또한 뒤이어 등장한 지배파충류가 급속히 성장하면서 포유류의 조상은 중생대 내내 육지의 주인 자리를 이들 지배파충류, 그중에서도 공룡에게 내주게 됩니다.

트라이아스기 말쯤 앞서 이야기했던 대서양 중앙 해령이 등장하기 시작합니다. 바로 그 대서양 중앙 해령에서 끊임없이 화산이 폭발하고, 화산이 폭발하다 보니 이산화탄소가 계속 세어 나와 온실가스의 농도가 높아져 지구의 온도가 올라갑니다. 문제는 지구의 온도가 높아지면서 바닷물의 온도도 같이 높아져 바닷물 밑바닥에 가라앉아 있던 메탄하이드레이트가 올라와 폭발을 해 버립니다. 이 메탄가스가 폭발하는 과정에서 산소 농도가 줄어들면서 트라이아스기 말 다시 한 번 전 지구상에 있는 95%의 동물이 사라지는 대멸종이 일어납니다. 페름기 대멸종과 거의 비슷한 길을 걸은 셈이죠. 그리고 쥐라기가 되면서 본격적으로 공룡의 시대가 열립니다.

트라이아스기 대멸종에서 살아남은 동물들은 낮은 산소 농도에서 살아남기 위한 진화의 과정을 겪게 됩니다. 먼저 포유류에게는 가로막이라는 것이 있습니다. 우리가 호흡을 하려면 폐가 움직여야 하는데 폐를 움직이려면 갈비뼈가 위로 올라가고 가로막이 아래로 내려가는 과정을 거쳐야 합니다. 바로 이 가로막이 페름기 대멸종과 트라이아스기 말 대멸종 시기에 낮은 산소 농도에서 호흡을 편하게 하기 위해 생겨납니다. 가로막에 연결된 살들을 가로막살이라고 하는데 지금은 이름이 바뀌어 우리가 잘 알고 있는 갈매기살로 불립니다. 그런데 공룡은 이런 변화를 거치지 않고 폐에서 연결되는 공기주머니들을 더 달았습니다. 폐만으로 호흡을 하는 게 아니라 여기에 연결된 여러 개의 공기주머니까지 이용해 최대한 산소를 빨아들일 수 있도록 한 것이죠. 그 공기주머니를 기낭이라고 부릅니다. 우리 주변에서 흔히 보이는 공룡의 후손인 새들도 비어 있는 뼈 안쪽에 이 기낭을 가지고 있습니다.

공룡은 크게 조반목과 용반목으로 나뉘는데, 여기서 반은 골반을 뜻합니다. 이 부분이 새처럼 생긴 공룡을 조반목이라 불렀고, 새처럼 생기지 않은 공룡을 용반목이라고 불렀습니다. 재밌는 건 새의 조상이 용반목이라는 거죠. 어쨌든 우리가 알고 있는 대부분의 공룡들은 이 용반목에 속합니다. 용반목은 다시 수각아목과 용각아목으로 나뉘는데 수각아목이 우리가 영화에서 주로 본 육식 공룡들, 벨로키랍토르라든가 티라노사우루스 같은 공룡들입니다. 나머지는 다 풀을 뜯어 먹고 사는 공룡들이었죠. 용각아목은 사족 보행을 하는 공룡들인데 아기 공룡 둘리의 엄마처럼 발이 네 개 달리고 목이 긴 브라키오사우루스 같은 공룡이 바로 용각아목에 속합니다. 중요한 건 공룡의 이름보다는 이런 공룡들이 다양한 모습으로 진화를 하기 시작했다는 사실이겠죠.

중생대 파충류 중에는 공룡 말고도 대단히 많은 종류가 있는데 첫 번째로 바다에 살던 파충류들이 있습니다. 맨 처음 트라이아스기 때 어룡이 살았고, 그다음으로 중생대 쥐라기에 플레시오사우루스라는 이름의 파충류가, 중생대 말에는 모사사우루스라고 하는 파충류가 살았는데 모두 공룡이 아닌 그냥 파충류입니다. 도마뱀의 친척인 모사사우루스는 길이가 30미터 정도 되는 파충류인데 지금의 상

❖ ― 플레시오사우루스

어보다 훨씬 더 사나웠습니다. 공룡이 등장하는 영화를 보면 늘 하늘을 날고 있는 익룡이 보이는데 이 익룡도 공룡과는 전혀 관련이 없는 파충류입니다. 그리고 거북과 도마뱀도 중생대부터 나타나기 시작합니다. 지금 있는 파충류 중에서 공룡과 가장 가까운 악어도 중생대부터 살았는데, 옛날 중생대 악어 중에는 몸길이가 15미터나 되는 놈들도 있었습니다. 입을 벌리면 입 안에 사람이 산 채로 들어갈 수 있을 정도의 크기였던 거죠. 중생대는 이렇게 파충류의 시대이기도 했습니다.

여기서 잠깐 돌고래와 어룡을 비교해 볼까요? 생김새는 비슷하지만 돌고래는 포유류, 중생대 초기에 살았던 어룡은 파충류입니다. 당연히 알을 낳겠죠. 그런데 바닷속에서는 제대로 알을 품기가 힘들기 때문에 뱃속에 알을 낳고 부화를 시켜서 새끼 상태로 끄집어냅니다. 이것을 난태생이라고 하는데 상어나 뱀 중에 살모사 같은 동물들도 이와 같은 방식으로 새끼를 낳습니다. 서로 종이 다른 돌고래와 어룡이 비슷한 생김새로 진화한 것은 비슷한 환경의 생태계에서 비슷한 방식으로 살아가기 때문입니다. 이를 수렴 진화라고 부릅니다.

이제 하늘을 나는 파충류가 등장하는데 중생대가 되면서 우리가 알고 있는 하늘을 나는 것들 중에 박쥐를 뺀 모든 날것들이 나타납니다. 고생대에는 곤충이 날았고, 중생대 초기에는 익룡, 중생대 말에는 새, 그리고 신생대가 되면 박쥐가 날기 시작합니다. 이 중에서 새는 날개에 있는 깃털을 다 뽑고 나면 별 게 없습니다. 닭 날개를 먹다 보면 다들 느끼는 거죠. 결국 날개의 대부분이 깃털인 셈입니다. 그런데 익룡과 박쥐는 둘 다 막을 가지고 있습니다. 익룡의 날개는 뒷발에서부터 이어진 막이 전부인데 반해 박쥐의 날개는 막과 막 사이에 손가락이 있습니다. 손가락뼈 사이에 막이 있는 형태죠. 그리고 익룡의 경우 날개가 뒷다리 끝까지 이어져 있지 않아서 걸어 다닐 수가 있는데 박쥐의 경우는 뒷다리 끝까지 날개가 이어져 있어 걷지를 못합니다. 새, 박쥐, 익룡, 이 셋은 모두 온혈동물이라는 공통점이 있습니다. 처음에는 익룡이 파충류이기 때문에 냉혈동물 혹은 변온동물일 거라고 생각했는데, 연구를 하다 보니 온혈동물이었습니다. 이렇게 하늘을 높이 나는 동물들의 피가 따뜻한 건 높은 하늘 위 낮은 온도를 잘 견디기 위해서입니다. 하늘을 날기 위한 첫 번째 조건이죠.

하늘을 날기 위한 두 번째 조건은 잡식입니다. 잡식을 한다는 건 곧 크기가 작다는 이야기입니다. 예를 들면 크기가 작은 동물 중에 초식동물은 토끼밖에 없습니다. 고양이, 너구리, 다람쥐, 청설모 등 크기가 작은 나머지는 모두 잡식입니다. 풀을 먹게 되면 소화시키는 게 어려워서 장이 길어지고 장이 길어지면 당연히 무거워지니까 하늘을 날기가 힘들어지기 때문에 초식동물 중에는 하늘을 나는 것이 없습니다. 그래서 하늘을 나는 동물들은 풀이나 나뭇잎 대신 열매나 알곡, 곤충이나 작은 동물을 먹죠. 중생대가 되면서 곤충 외에도 본격적으로 하늘을 나는 동물들이 등장하기 시작합니다. 그리고 일부 동물은 바다로 돌아갑니다. 지금 우리가 알고 있는 건 고래, 돌고래 정도인데 중생대에 최초로 바다로 간 것은 어룡입니다. 이후 플레시오사우루스가 등장해서 우위를 점합니다. 목이 굉장히 긴 수생 파충류로 날카로운 이빨이 빽빽하게 나 있어 당시 바다에서 지금의 상어와 같은 역할을 하는 생물이었을 거라고 추측됩니다. 그리고 중생대 말 백악기가 되면 몸길이가 12~15미터에 이르는 모사사우루스가 등장합니다. 이렇게 몸집이 큰 바다 생물의 등장으로 바다는 이전과는 다른 모습을 띠게 됩니다.

또 중요한 것 하나가 뱀이 땅속으로 들어가게 된 것입니다. 땅속으로 들어간 뒤부터 지금의 모습이 되었는데 지상에서는 공룡의 등쌀에 못 이겨 땅속으로 들어가 보니 손으로 파헤칠 필요도 없이 부드러운 흙을 만난 거죠. 그래서 자연스럽게 앞발 두 개와 뒷발 두 개가 사라지는 형태로 진화가 일어납니다. 그리고 지하에서는 눈도 귀도 필요 없으니 그것 또한 모두 사라지죠. 그래서 뱀은 지금도 잘 못보고 잘 못 듣습니다. 다만 두 가닥으로 갈라진 혀로 냄새를 맡는데 우리가 눈으로 보는 것처럼 냄새로 상대방의 위치를 파악합니다. 수렴 진화를 통해 뱀과 비슷한 모습을 하고 있는 다리 없는 도마뱀이나, 개구리, 도롱뇽처럼 양서류지만 뱀처럼 다리가 없고 지렁이처럼 땅속에 사는 무족영원이라고 불리는 양서류도 이 시기 땅속으로 들어갑니다. 그리고 공룡이 멸종한 뒤 천적이 없어진 신생대의 땅 위로 뱀은 다시 올라오게 됩니다.

1만 년 전, 문명 이전의 역사

중생대에 비로소 우리가 알고 있는 속씨식물이 진화를 합니다. 속씨식물은 밑씨가 씨방 안에 있는 식물을 일컫는 말입니다. 밑씨를 안전하게 보호할 수 있다는 장점이 있죠. 하지만 사실 밑씨를 안전하게 보호한다는 건 큰 의미가 없습니다. 수정되기 전의 밑씨를 먹이로 삼는 동물은 거의 없으니까요. 그럼 왜 이렇게 진화한 걸까요? 가장 큰 이유는 수정된 씨앗을 멀리 퍼트리는 데 동물을 이용하기 위해서입니다. 밑씨가 수정이 되어 씨앗이 되는 것과 동시에 씨방은 동물이 좋아하는 과일이나 알곡이 됩니다. 굳이 에너지를 들여 과일을 만드는 건 동물에게 먹어 달라는 뜻이죠. 그래서 씨가 다 성숙하기 전에 열매는 보통 초록색을 띠어 아직 먹을 수 없다는 시각 정보를 보내고 씨가 다 성숙하면 이제 먹으라고 노란색, 빨간색을 띠게 됩니다. 동물이 열매를 먹으면 과육은 소화가 되지만 씨앗은 단단한 껍질에 쌓여 배설물로 나옵니다. 그 과정에서 자연스럽게 씨앗은 원래 어미가 있던 곳보다 더 먼 곳에서 싹을 틔우게 되는 것이죠. 그리고 배설물은 씨앗의 거름이 됩니다.

그런데 이런 열매는 누가 주로 먹을까요? 오래전 포도의 크기는 지금의 10분의 1밖에 안 될 정도로 작았습니다. 감도, 사과도, 야생에서는 방울토마토 크기 정도죠. 새가 와서 꿀꺽 삼키기 좋은 크기입니다. 원래 새들이 삼키기 좋게 만들어진 게 열매입니다. 새의 활동 범위가 가장 넓으니 이들에 의해 이동하게 되길 원하는 것이죠. 그러나 밤, 호두처럼 새가 삼켜도 소화가 안 되는 건 쥐나 다람쥐 같은 설치류가 먹습니다. 나무를 주로 타고 다니는 동물들에게 먹히기 좋은 것이 호두, 밤, 잣 등의 식물입니다.

속씨식물의 또 다른 특징은 중복수정을 한다는 데 있습니다. 밑씨는 꽃가루의 정핵과 두 번 수정을 하는데 그중 하나는 나중에 자라 식물이 될 배, 즉 씨눈이 됩니다. 다른 하나는 배젖이 되어 씨눈이 싹이 터 광합성을 하고 뿌리로 물을 빨아들이기 이전까지의 영양분이 됩니다. 이렇게 이중으로 수정을 하면 수정 과정 자체에는 더 많은 에너지가 들어가지만 씨가 살아남을 확률은 훨씬 더 높아지겠죠. 이렇게 두 차례에 걸쳐 씨가 더 잘 자랄 수 있도록 진화한 속씨식물은 꽃가루받이 또한 다른 방식을 사용합니다. 이전에는 오로지 바람에만 의존해서 꽃가루받이를 하다 보니 꽃가루 대부분이 암술에 가지 못하고 허비되어 버렸습니다. 그래서 좀 더 정밀한 방식을 택한 것이 바로 곤충을 이용하는 것입니다. 이를 위해 곤충에게 꿀을 주고 꽃가루도 줘야 하지만 바람에 날릴 때에 비하면 손실이 줄어들어 식물로서는 이익입니다.

여기서 한 번 더 생각해 볼까요? 봄이 되면 아카시아 꽃도 피고 개나리도 피고 진달래도 핍니다. 그런데 산에 가서 자세히 보면 이런 흔한 꽃들 말고도 드문드문 피는 꽃들이 있습니다. 이런 꽃들의 경우 애써 꿀과 꽃가루를 줬는데 이를 먹은 곤충이 자기와 같은 종류 말고 다른 개나리나 아카시아 꽃으로 가 버리면 헛일을 한 게 됩니다. 그래서 이런 꽃들의 경우 자신과 같은 종류의 꽃들에서만 꿀을 빠는 곤충을 정하게 됩니다. 물론 알고 하는 건 아니고 진화 과정에서 자연스레 터득하게 된 것이죠. 가령 어떤 꽃은 입구가 좁아 꿀을 빨려면 아주 긴 대롱 같이 생긴 입을 가진 곤충만 가능하다고 칩시다. 그럼 이런 꽃의 꿀을 빨 수 있는 곤충은 아주 제한적일 겁니다. 반대로 생각하면 긴 대롱을 가진 곤충의 경우 다른 꽃은 아무 곤충이나 드나드니 가 봤자 꿀이 없는 경우가 많은데 입구가 좁은 꽃은 아무 곤충이나 드나들 수 없으니 가면 꿀이 있을 확률이 높아지는 셈입니다. 또 아주 이른 봄에 꽃을 피우는 식물들은 그 시기에만 활동하는 몇 안 되는 곤충을 찾게 됩니다. 또 다른 식물은 아직 꽃을 피우지 않으니 곤충들이 찾아갈 곳도 자신과 같은 종류의 꽃일 확률이 높겠죠. 이렇게 시기와 모양, 색깔 등을 통해 식물은 곤충을 선택

176

하고, 곤충은 식물을 선택해서 서로 공진화Co-evolution를 하게 됩니다. 이를 통해 곤충과 속씨식물은 생태계에서 가장 다양한 종을 보유하게 되죠. 중생대는 이렇게 곤충과 속씨식물이 공진화를 시작할 때였습니다.

그리고 중생대 말이 되자 드디어 새가 날기 시작합니다. 새는 공룡의 한 종류였는데 익룡보다 훨씬 늦게 날기 시작한 새가 어떻게 익룡과의 싸움에서 이기고 살아남을 수 있었을까요? 먼저 공룡의 후손이었던 새에게는 기낭이 있었지만 익룡은 기낭이 없었습니다. 기낭을 가진 새는 같은 부피에서 더 효율적으로 호흡을 할 수 있는 장점이 있습니다. 산소를 많이 얻으면 그만큼 더 많은 에너지를 쉽게 낼 수 있기 때문입니다. 또 공기주머니가 있으니 같은 부피라도 더 가벼워 하늘을 날 때 에너지가 덜 드는 이점도 있죠. 그리고 새의 깃털이 익룡의 막보다 날개를 움직이는 데 훨씬 효과적이었고 체온을 유지하는 데도 도움이 되었습니다. 더구나 더 가볍기도 했죠. 이런 조건 때문에 새는 익룡보다 훨씬 더 빠르게 진화하면서 하늘을 장악할 수 있었습니다.

하지만 새가 하늘을 날기 위해 포기해야 했던 것도 있습니다. 거위나 기러기, 닭처럼 새들 중에서도 오래된 옛날 새들은 이빨의 흔적이 남아 있는데 참새, 비둘기처럼 더 나중에 진화한 새들은 이빨이 없습니다. 중생대에는 이빨 있는 새도 있고, 이빨 없는 새도 있었는데 중생대 말에 이빨 있는 새들은 멸종하고 이빨 없는 새들만 살아남습니다. 그리고 새는 아래턱도 없습니다. 하늘을 날 때 가장 무거운 게 뼈이기 때문에 가능한 뼈 무게를 줄여야 하는데 아래턱뼈를 줄이기가 가장 쉬웠던 거죠. 그래서 새는 먹이를 씹지 못하고 그냥 삼킵니다. 이렇게 삼킨 먹이를 분쇄하기 위해 모래주머니가 있는데 그 주머니 안에 모래나 작은 돌이 있어서 먹이를 잘게 부수는 역할을 합니다. 흔히 닭똥집이라고 이야기하는 부위가 바로 그것입니다. 정확한 명칭은 닭 모래주머니입니다. 다음으로 새는 항문과 요도와 질도 총배설강 하나로 묶어 버립니다. 이런 식으로 날기 위해 필요 없는 것들은 다 버리면서 드디어 중생대 말에 새가 하늘을 날기 시작합니다.

이렇게 평화롭게 살고 있던 공룡들이 백악기 말 지구상에 있었던 다섯 번의 멸종 중 제일 마지막 멸종으로 인해 사라집니다. 지금의 멕시코 유카탄 반도에 있는 칙술룹이라는 곳에 운석이 떨어지죠. 하지만 과학자들 중에는 그전부터 이미 지구는 멸종을 향해 가고 있었다고 주장하는 사람들도 있습니다. 지금 인도의 약 3분의 2는 고원 지대인데 옛날에 있었던 화산 활동 때문에 용암이 차서 고원이 된 것으로 여기에서 화산 활동이 일어났던 시기를 데칸트랩이라고 합니다. 트라이아스기의 대서양 중앙해령에서 화산 활동이 있었던 것처럼 이 데칸트랩에서 화산 활동이 있었던 거죠. 그리고 지금 중국의 어메이산 지역에서도 화산 활동이 있었습니다. 이 두 가지 화산 활동의 결과로 멸종은 이미 진행되고 있었고 거기에 운석이 떨어져 마침내 종말을 맞게 된 것이라는 주장이죠. 하지만 계속된 연구로 현재는 운석이 백악기 말 대멸종의 가장 중요한 이유라는 데 의견이 모입니다. 이때 공룡이 멸종한 원인으로 공룡이 속씨식물을 소화시키지 못해 죽었다더라, 쥐가 공룡의 알을 다 갉아먹어서 죽었다더라 하는 이야기도 있는데 당연히 다 거짓입니다. 백악기 말에 멸종한 건 공룡만이 아니라 지구 전체로 봤을 때 약 75%의 생물이 모두 멸종합니다. 이렇게 중생대가 끝이 나고 신생대가 열립니다.

중생대가 끝나고 신생대가 시작되는 게 약 6500만 년 전입니다. 지구 전체 45억 년 중에서 고생대가 5억 6천만 년부터 2억 5천만 년 사이, 중생대가 2억 천만 년부터 6천 5백만 년 사이의 역사였다면 지금부터는 인류가 문명을 만들기 전까지의 역사를 이야기하게 됩니다.

공룡이 사라지고 난 뒤 가장 먼저 등장한 것이 포유류는 아닙니다. 왜냐하면 중생대 말에 포유류는 지금의 쥐 정도 크기였고 야행성이었습니다. 그런데 신생대 초기 이미 새들 중에는 덩치가 사람보다 더 큰 것들이 있었습니다. 자기보다 더 큰 포식자가 없었던 이 새들은 날 필요도 없었죠. 그래서 중생대 초기에 지상에서 가장 큰 육식동물이었던 새가 육지를 지배하게 됩니다. 이 새들은 굵은 다리로 빠르게 뛰어다니며 부리로 찍어서 다른 동물들을 잡아먹었습니다.

6천 5백만 년 전에는 유럽이 여러 개의 섬으로 이루어져 있었습니다. 지금의 우랄산맥과 알타이산맥 사이도 바다였고, 지금의 미국 대평원 지역도 지중해처럼 바다였습니다. 그리고 아프리카 옆에 있던 인도가 조금씩 올라가면서 아시아에 붙으려고 하던 상태였고, 남아메리카와 북아메리카도 아직 붙지 않은 상태였습니다. 그러다가

2천만 년 전쯤 남아메리카와 북아메리카가 거의 붙고, 인도도 아시아에 완전히 달라붙고, 남극 대륙과 오스트레일리아가 지금의 자리를 찾아갑니다. 그리고 아직 남아 있던 바다가 점점 메워지며 알프스산맥이 생깁니다.

유럽이 섬에서 대륙이 된 건 아프리카가 북상하면서 그 대륙판이 유럽판과 만나고 그 결과로 알프스산맥이 생긴 것이 가장 중요한 원인입니다. 그리고 인도가 북상하면서 아시아와 마주치자 인도 위쪽에 거대한 티베트고원이 생기고 또 남극 대륙이 현재의 위치로 가면서 그 위에 아주 거대한 빙상이 만들어집니다. 그 결과 바다로 가야할 물이 대륙의 빙하가 되어 해수면이 내려가게 되었죠. 그래서 원래는 떨어져 있던 남아메리카와 북아메리카 사이에 육지 길이 나게 됩니다. 또 북아메리카의 로키산맥과 애팔레치아산맥 사이의 바다도 말라 버리면서 대평원이 조성되었습니다.

그리고 본격적으로 포유류가 등장합니다. 포유류 중 가장 원시적인 종류를 원수아강이라고 하는데 이들은 새끼를 낳지 않고 알을 낳습니다. 그래서 자궁이 없습니다. 또 유방과 젖꼭지가 따로 없어 피부에서 그냥 새어나오는 젖을 먹습니다. 현재까지 남아 있는 종류는 오리너구리와 가시두더지 딱 두 종류인데 이들을 합쳐서 단공목이라고 부릅니다. 생김새가 고슴도치와 흡사한 가시두더지는 말 그대로 땅을 파고 사는 두더지입니다. 그리고 오리너구리는 오스트레일리아 주변의 섬에 사는데 새 부리처럼 생긴 주둥이에 발에는 물갈퀴가 달려 있고 몸은 털로 덮여 있습니다. 처음에 오리너구리는 화석으로 먼저 발견이 되었는데 과학자들은 이 화석이 여러 동물들을 조합한 거라고 생각했습니다. 그리고 박제를 시켜 표본을 유럽으로 보냈을 때도 아무도 그 존재를 믿지 않다가 실제로 살아 있는 걸 본 후에야 그 존재를 인정받았습니다.

그러고 나서 후수하강이라고 하는 포유류 종이 나타나는데 바로 주머니가 달린 동물들입니다. 우리에게 잘 알려진 캥거루, 코알라, 그리고 주머니쥐, 주머니두더지, 태즈메이니아늑대 등의 유대류입니다. 이 중 태즈메이니아늑대는 1990년대 멸종했습니다. 인간의 아기는 태어날 때 이미 엄마의 뱃속에서 어느 정도 큰 뒤에 태어나고 소나 말도 태어나서 몇 시간만 지나면 뛰거나 걸을 수 있는데 반해 유대류는 태반이 불완전해서 새끼들은 고작 새끼손가락 정도 크기로 태어납니다. 그렇게 태어난 새끼들이 어른 손 크기 정도가 될 때까지 어미의 주머니 속에서 자라게 되는 거죠. 정확한 용어로는 이 주머니를 육아낭이라고 부릅니다. 이 후수하강들은 호주와 남아메리카에서만 발견이 되는데 이보다 위쪽의 연결된 대륙들에서는 지금 현재 살고 있는 포유류들과의 생존 경쟁에서 살아남지 못하고 따로 떨어져 있던 이 지역에서만 살아남을 수 있었던 거죠. 유대류는 오스트레일리아에만 산다고 알고 있는 분들이 많지만 남아메리카에서도 주머니가 달린 몇몇 종류의 후수하강들이 발견됩니다.

그리고 여기서 우리가 알고 있는 일반적인 포유류와 주머니 달린 유대류 간에도 수렴 진화가 일어나는 걸 볼 수 있습니다. 늑대와 태즈메이니아늑대, 고양이와 주머니고양이, 날다람쥐와 주머니날다

❖ ─ 태즈매이니아
늑대

람쥐, 개미핥기와 주머니개미핥기, 쥐와 주머니쥐, 비버와 주머니비버 등 생태계 내 역할이 같은 동물들은 서로 비슷한 모습을 하고 있습니다.

그리고 이제 포유류 중에 진수아강이 등장하는데 이 진수아강은 크게 빈치상목, 아프로테리아상목, 로라시아상목, 영장상목으로 나뉩니다. 여기서 빈치상목의 치는 이빨, 빈은 빈곤하다, 그러니까 이빨이 제대로 형성이 안 된 포유류들이겠죠. 주머니개미핥기, 아르마딜로 등이 여기에 속하고, 아프로테리아상목은 아프리카 출신이라는 뜻으로 코끼리가 대표적입니다. 그다음 로라시아상목은 로라시아 대륙, 즉 지금의 유럽과 아시아, 북아메리카에서 처음 나타난 포유류를 말합니다. 영장상목은 사람을 포함한 사람과 아주 비슷한 고릴라, 침팬지, 보노보, 오랑우탄 등으로 가장 나중에 등장하죠.

현재의 북아메리카와 유럽, 아시아에 해당되는 로라시아 대륙 출신 포유류를 로라시아상목, 그 아래쪽으로 남아메리카와 아프리카, 남극, 인도, 호주에 해당되는 곤드와나 대륙 출신 포유류를 아프로테리아상목이라고 부르는데, 아프리카 출신으로는 앞서 이야기한 코끼리가 가장 대표적입니다. 그런데 우리가 텔레비전에서 본 아프리카에 사는 포유류는 코끼리 말고도 사자, 기린, 소떼들, 영양, 얼룩말 등 상당히 다양한데 이들은 모두 아시아에서 넘어간 이주민들입니다.

그다음 로라시아 상목에 해당되는 것들에는 먼저 친척 사이였던 고래와 소를 묶은 고래소목이 있는데, 소의 친척들, 즉 노루, 사슴, 영양, 기린은 전부 소목에 속하고, 돌고래, 향유고래, 범고래, 하마, 코뿔소 등은 고래에 속합니다. 지금 우리가 아프리카에서 보는 동물들 중 거의 대부분이 고래소목에 속하는 셈이죠. 그다음 유린목이 있고, 박쥐목, 식육목이 있는데 여기서 식육목은 우리가 머릿속에 떠올릴 수 있는 대부분의 육식 동물들, 즉 고양이부터 호랑이, 개, 늑대 등이 다 여기에 속합니다. 그리고 마지막으로 말, 당나귀, 얼룩말 등의 기제목이 있습니다. 앞서 이야기한 영장상목에는 이빨이 계속 자라는 설치목도 포함되는데, 쥐, 토끼, 다람쥐 등이 설치류에 속하고, 원숭이와 오랑우탄 등이 영장류에 속합니다.

2천만 년 전 인도차이나반도와 오스트레일리아 사이에 있던 바다에서 해저 산맥들이 올라오기 시작해 육지에 산맥들이 형성되기 시작하는데 이것을 순다열도라고 부릅니다. 지금 우리가 알고 있는 인도네시아의 섬들이 이때 형성되기 시작합니다. 그리고 이 순다열도가 빙하기에 모두 이어져 육지가 됩니다. 그래서 이 육지를 따라서 현재 오스트레일리아 원주민들이 뉴기니까지 넘어갈 수 있었습니다. 그리고 우리나라와 일본도 살짝 이어져 있었죠.

퇴화도 진화다

앞서 신생대 초에 날지 않는 아주 큰 새들이 육지의 주인이었다고 이야기한 바 있습니다. 그리고 지금도 닭처럼 날지 않는 새들이 꽤 있습니다. 여기서 중요한 건 날지 못하는 새가 아니라, 날지 않는 새라는 점입니다. 아프리카에서 주로 볼 수 있는 타조를 제외하면 나머지 날지 않는 새들은 전부 다 섬에서 발견되는데 태평양의 미크로네시아, 멜라네시아, 폴리네시아에 있는 섬들을 보면 대부분의 새들이 날지 않습니다. 왜냐하면 그 섬들에는 고양이 정도 되는 크기의 육식 동물도 없기 때문입니다. 즉 위협이 되는 동물이 없기 때문에 날아야 할 이유가 없는 거죠. 그렇게 계속 걸어만 다니다 보니 큰 날개를 유지할 필요가 없어지고 날개가 점점 작아지게 됩니다. 이렇게 퇴화도 일종의 진화의 한 형태라고 볼 수 있습니다.

신생대 말에 들어서면서 잦은 빙하기가 찾아오는데 이 빙하기가 나타나는 첫 번째 원인은 천문학적인 이유 때문입니다. 밀란코비치 이론Milankovitch theory이라는 건데, 먼저 지구가 태양 주위를 일정한 주기에 따라, 타원에 가까워지다가 원에 가까워지다가를 반복하며 돕니다. 그리고 공전 궤도면에 대해 지축이 23.5도로 기울어져 있는

데 이것이 더 기울어서 24.5도가 됐다가 22.5도가 됐다가를 반복합니다. 이것도 5만 년 정도의 주기를 갖죠. 그리고 마지막으로 자전축도 이쪽저쪽으로 도는 주기가 있습니다. 바로 이 세 가지 주기의 최소공배수를 계산하면 밀란코비치 주기가 만들어집니다. 이 밀란코비치 주기와 신생대에 나타난 여섯 번의 빙하기가 거의 일치하는데, 즉 지구에 햇빛이 많이 닿느냐 적게 닿느냐, 계절별로 차이가 있느냐 없느냐 등에 의해서 빙하기가 온다는 이론입니다. 이러한 천문학적인 이유 외에도 빙하기가 생기는 조건들은 더 있는데 뒤에서 다시 설명하도록 하겠습니다.

여기서 잠깐 호랑이와 사자에 대한 재미있는 이야기를 하나 하려고 합니다. 호랑이는 숲에 살고 사자는 초원에 살죠. 이것이 이 두 동물의 차이를 만듭니다. 일단 숲에 사는 호랑이와 같은 동물들은 울창한 나무숲에서 여러 마리가 한꺼번에 이동하기가 힘들기 때문에 사냥을 해도 혼자서 합니다. 그래서 특히 수컷 호랑이는 자기 영역에서 평생 혼자 살며 짝짓기 때문에 잠깐 암컷과 만났다가 금방 헤어집니다. 암컷 호랑이도 새끼 호랑이를 2년 정도 키운 후에 내쫓습니다. 숲에서는 혼자서 지내는 편이 훨씬 유리하기 때문이죠. 숲에서 사는 초식동물도 마찬가지입니다. 노루나 사슴, 고라니 등이 가족 단위로 다니기도 하지만 대부분은 혼자서 살아갑니다. 혹시 조그맣고 동글동글한 염소 똥을 본 적 있나요? 숲에서 혼자 다니다 보면 특히 물을 마시러 갈 때 무방비 상태가 되어 가장 위험합니다. 그래서 물을 마시러 가는 횟수를 최대한 줄이기 위해서 똥을 눌 때 대장에서 물을 최대한 흡수하고 딱딱하게 만들어서 아주 작고 동글동글한 똥을 만드는 것입니다. 게다가 숲에서는 나무 때문에 시야가 가려져 멀리 볼 수가 없으니 주로 냄새를 맡고 포식자들이 찾아오겠죠. 그래서 냄새가 안 나는 똥을 누게 됩니다.

숲과는 달리 넓은 초원에서는 혼자보다 여럿이 사냥하는 게 유리합니다. 사자와 같은 포식자는 여럿이 사냥에 나서고 그러다 보니 소나 영양, 코끼리 등은 무리 속에 묻히기 위해 떼를 지어 다니게 됩니다. 그리고 숲에 사는 사슴, 노루 같은 초식동물들에 비해 덩치가 커집니다. 초원에서 살아남는 데는 큰 덩치가 유리하기 때문이겠죠. 덩치가 크고 떼를 지어 다니다 보니 물가에 가서 물 마실 때도 덜 경계를 하게 되고 그래서 물 먹는 횟수를 줄일 필요가 없으니 똥도 시원하게 눌 수 있습니다. 이것이 바로 사는 환경에 적응하고 진화하는 생명의 자연스러운 모습입니다.

7

문명 이전,
인류의 역사

인간의 조상이
나타나다

　이제 지구의 역사에서 인류의 역사로 넘어 가면서 먼저 우리 인간이 생물학적으로 어디에 속하는지부터 살펴보겠습니다. 오랑우탄, 고릴라, 사람, 침팬지, 보노보는 사람과Hominidae에 속합니다. 그리고 그중에서 가장 먼저 갈라진 것이 오랑우탄, 그다음이 고릴라입니다. 그러고 나서 사람과 침팬지, 보노보가 같이 있다가 약 400~600만 년 전 사이에 사람과 침팬지가 갈라집니다. 보노보는 생김새 때문에 작은 침팬지라고 알려지기도 했는데 둘 다 아프리카에 살고 있습니다. 침팬지는 약간 동쪽에 살고 보노보는 약간 서쪽에 사는데 이 둘이 갈라진 게 사람과 갈라진 다음입니다. 그래서 실제로 사람과 침팬지의 DNA 서열을 조사해 보면 약 1.2% 정도를 제외한 98.8%가 일치합니다. 아마도 고릴라한테 일본원숭이랑 사람 중에 너와 더 가까운 게 누구냐고 물으면 사람이라고 대답할 겁니다. 그래서 보통 사람의 역사를 이야기할 땐 400만 년에서 500만 년 전 사이에 인류의 역사가 시작되었다고 말합니다.

그렇다면 사람이 다른 침팬지나 고릴라와 달리 독자적으로 진화를 하게 된 결정적인 이유는 무엇일까요? 사람도 고릴라도 침팬지도 아주 먼 옛날 천만 년 전에는 모두 같이 아프리카의 열대 우림에서 살고 있었습니다. 그 당시만 해도 사람은 다른 고릴라나 침팬지와 마찬가지로 과일을 주로 먹고 살았습니다. 그러면서 가끔씩 간식으로 애벌레도 좀 잡아먹고 침팬지처럼 사냥을 해서 작은 들쥐나 다람쥐 혹은 토끼 등도 잡아먹으면서 살고 있었는데 문제는 천만 년 전부터 아프리카가 점점 건조해지기 시작하는 겁니다. 지금 아프리카 위쪽에 사하라 사막도 이때쯤 생기기 시작하는데 물론 그 당시에는 초원이었습니다. 숲이 아프리카의 3분의 2를 차지하고 있었는데, 점점 줄어들어 3분의 1이 되면서 숲속에 살던 동물들끼리 생존 경쟁이 벌어지게 됩니다. 고릴라와 침팬지, 사람의 선조 간에 일어난 싸움에서 불행히도 사람의 선조가 패하게 되고 숲에서 쫓겨나 숲 바깥 풀이 무성한 초원으로 밀려나게 됩니다.

숲에서 쫓겨난 인간의 선조에게는 몇 가지 무기가 있었습니다. 첫 번째, 돌아간 엄지입니다. 집에서 개나 고양이를 키우면 잘 알겠지만 우리처럼 엄지가 안으로 접히지 않죠. 원숭이 중에서도 숲에서 사는 원숭이만 돌아가는 엄지를 가졌는데 나뭇가지를 움켜잡는 데 용이하기 때문입니다. 이 돌아간 엄지는 숲에서 쫓겨난 인간이 다양한 물체를 잘 쥘 수 있는 조건을 만들어 줍니다. 두 번째로는 입체시인데, 양이나 말 같은 경우 눈이 앞이 아닌 옆에 달려 있죠? 그렇게 양 옆으로 눈이 달려 있으면 볼 수 있는 각도가 넓어집니다. 사람은 볼 수 있는 각도가 약 190도 정도 되는데 말이나 양 같은 경우는 280도를 봅니다. 뒤통수 빼고 다 본다는 얘기죠. 토끼는 380도를 볼 수 있으니 뒤통수까지 볼 수 있는 셈입니다. 초식동물들은 사냥꾼이 어디서 나타날지 모르니 사방을 감시하기 위해 눈을 양쪽으로 다 벌려서 여기저기를 훑어보게 되었다는 거죠.

그런 반면 사냥꾼들인 사자나 호랑이 같은 경우는 앞에 있는 먹이를 쫓기 위해 눈이 앞쪽으로 모입니다. 앞쪽으로 모인 눈은 넓게는 못 보지만 대신 얼마나 멀리 있는지 입체적으로 볼 수 있죠. 사냥꾼들에겐 먹이가 얼마나 떨어져 있는지 그 거리를 아는 게 중요하니까요. 그렇다면 사람의 선조는 호랑이나 사자 같은 사냥꾼도 아니었는데 왜 입체시를 가지게 되었을까요? 이것도 역시 사람이 숲에 살았을 때 이 나뭇가지에서 저 나뭇가지로 건너다니려면 거리가 얼마나 되는지 가늠해야 하기 때문이었습니다. 그래서 사람의 선조뿐 아니라 숲에 사는 원숭이들은 전부 다 눈이 앞으로 모여 있습니다.

마지막 세 번째 무기는 색채 감각입니다. 말이나 소, 사자, 고양이 등 포유류들은 눈에서 빛을 받아들이고 색을 구별하는 시각 세포인 원추세포가 두 개밖에 없습니다. 하지만 사람의 눈에는 녹원추, 적원추, 청원추, 이렇게 세 가지 원추세포가 있어서 우리는 이 세 가지 색을 통해 사물을 구분합니다. 원숭이를 제외한 대부분의 포유류들은 청원추와 적원추 두 개로 제한된 색깔만 볼 수 있습니다. 그래서 사람과 더불어 원숭이도 색채 감각을 가지고 있는데 이것도 역시 숲에서 살면서 꽃이나 열매를 다른 푸른 잎들과 잘 구분하기 위해 진화한 것입니다.

이렇게 세 가지 무기를 가진 인간의 선조가 초원에 처음 도착했을 때 가장 큰 문제는 먹을거리였습니다. 풀을 뜯어 먹을 순 없고, 사냥을 하자니 초원에 사는 말이나 사슴, 토끼는 너무 빠르고. 그래서 생각한 것이 강에 가서 조개를 캐 먹거나, 남이 사냥한 것을 빼앗아 먹는 것이었습니다. 사자가 사냥을 하면 사자는 잡은 동물을 깨끗이 다 먹는 게 아니라 영양가 높고 맛있는 부위인 내장과 살만 파먹고 나머지는 버리고 떠납니다. 그러면 독수리나 하이에나가 와서 그걸 먹는데 그 사이에 끼어드는 거죠.

하이에나는 코가 발달해서 썩은 고기의 냄새를 잘 맡고, 독수리는 하늘 높이 떠서 초원을 감시하다가 사냥하는 사자를 찾아내면 되는데, 사람은 코도 발달하지 않았고, 날지도 못하니 하늘을 계속 바라보는 겁니다. 하늘을 보다가 독수리가 저쪽에서 빙글빙글 돌고 있으면 그 아래에서 누군가가 사냥을 하고 있다는 신호입니다. 그럼 그때부터 수십, 수백 명이 모여서 뛰어갑니다. 혼자서는 독수리나 하이에나를 상대할 수 없으니 힘을 합쳐야겠죠. 그래서 남은 걸 빼앗아 먹는데, 이걸 또 수십 명이 나눠야 하니 먹을 건 늘 부족했을 테고, 결국 여기저기 하루 종일 바쁘게 쫓아다니면서 먹을 걸 구하다 보니 아주 오랫동안 걸어야 했습니다. 그렇게 해서 직립 보행을 시작하게 되었죠. 그런데 먹이라고 확보하고 보면 가죽에 붙은 살하고 뼈 그리고 대가리뿐이었습니다. 그래도 돌멩이를 쥘 수 있는 손

❖ — 직립 보행을 시작한 오스트랄로피테쿠스 아파렌시스

이 있는 게 다행이었습니다. 돌로 뼈와 두개골을 부숴 지방 성분이 풍부한 골수와 뇌를 먹었습니다. 에너지를 얻는 데 안성맞춤이었죠.

네 발로 뛰면 빠르게 움직일 수 있지만 오래 뛰지는 못합니다. 사람처럼 이족 보행을 하면 달릴 때는 다른 동물들보다 느리지만 그 대신 아주 오랫동안 움직일 수 있습니다. 사람은 49.195킬로미터 마라톤을 뛸 수 있죠. 물론 선수가 아니라면 8시간 이상 걸릴 테고 힘도 들겠지만 할 수는 있습니다. 하지만 그 정도 되는 거리를 소나 말, 사자는 걷지 못합니다. 인간만큼 오래 걸을 수 있는 동물은 세상에 없습니다. 같은 거리를 이동하는 데는 이족 보행이 사족 보행보다 에너지를 훨씬 덜 쓰기 때문입니다. 고인류학자들이 옛날 화석들을 통해 원숭이냐 사람이냐를 구분할 때도 가장 중요하게 보는 것은 두개골의 크기가 아닌 이족 보행을 하는 골반을 가지고 있느냐, 무룰을 가지고 있느냐입니다.

그런데 무더운 아프리카 열대에서 한낮에 먹이를 구하러 몇 시간씩 걸어 다니다 보니 체온은 계속 올라가 쓰러질 지경이 됩니다. 체온이 39도가 넘어가면 매우 위험해지기 때문에 사람의 몸에서는 땀이 배출되죠. 포유류 중에 온몸에서 땀이 나는 동물은 낮에 움직이며 긴 노동을 하는 인간밖에 없습니다. 그런데 우리도 덥고 땀이 흐르면 옷을 벗고 싶죠. 마찬가지로 인간의 선조들도 긴 털이 땀에 젖으면 더 덥고 힘이 들었습니다. 그래서 털이 점점 가늘어지게 됩니다. 사라진 게 아닙니다. 우리의 선조나 지금 우리나 털의 개수는 똑같은데 다만 솜털로 변했을 뿐이라는 거죠.

이렇게 털이 가늘고 짧아지니 한 가지 문제가 생깁니다. 자외선이죠. 더운 열대 지역의 초원에서 하루 종일 내리쬐는 햇빛을 받으면 피부에 화상을 입기도 하고, 피부암에 걸리기도 쉽습니다. 그래서 인간의 선조는 빛을 차단하는 멜라닌 색소가 피부 전체에 퍼지도록 진화했습니다. 우리 선조는 그래서 모두 피부가 검은 흑인입니다. 그 결과 우리도 피부에 멜라닌 색소를 만드는 유전자를 가지게 되었습니다. 피부가 하얗던 사람도 강한 햇빛 아래 오래 살면 피부가 타서 검어지는 이유죠. 다른 동물들의 경우 털을 깎고 피부를 보면 대부분 밝은색 피부를 가지고 있는 걸 확인할 수 있습니다.

불과 언어, 불평등한 인류의 탄생

　이렇게 선조는 점점 우리와 비슷한 모습을 갖추게 됩니다. 그리고 이제 인류는 불을 가지게 됩니다. 호모 에렉투스Home erectus가 최초로 불을 가진 선조였죠. 우리가 아는 한 불을 가지고 다니는 건 사람밖에 없습니다. 이족 보행으로 손이 자유로운 인간만이 불을 가지고 다닐 수 있죠. 또 숲에서 사는 동물들은 잡아먹힐 위험에 처하면 나무 위로 올라가면 되지만 초원에서는 새끼들을 보호하려니 동굴로 들어가야 했고 이미 동굴에 살던 동물들을 쫓아내기 위해 불을 사용했습니다.

　하지만 무엇보다도 불의 발견으로 가장 큰 변화가 생긴 건 먹을거리였습니다. 사자가 사냥을 한 뒤에 남은 두개골은 워낙 두껍고 딱딱해서 다른 동물들은 포기하고 돌아가는데 인간의 선조들은 손으로 돌멩이를 잡고 두개골을 깨서 그 안에 들어 있는 뇌를 먹었습니다. 뼈도 부수고 그 안에 있는 골수를 먹었죠. 남은 건 껍질인데 너무 질겨서 먹기가 힘들었습니다. 그걸 불로 구워먹기 시작한 거죠. 이렇게 먹을거리가 늘면서 건사할 식솔들도 늘어납니다. 그러면서 남이 먹던 걸 주워 먹는 게 아니라 직접 사냥에 나서기 시작합니다. 드디어 쓰레기 청소부에서 사냥꾼으로 변모한 것이죠.

　이제 사냥한 동물을 통째로 가져와 구워 먹기 시작합니다. 이렇게 고기를 익혀서 먹기 시작하면서 인간에게는 큰 변화가 일어나는데, 첫 번째는 소화 시간이 줄어듭니다. 굽는 과정에서 이미 단

© reconstruction by John Gurche; photographed by Tim Evanson 출처 https://www.flickr.com/photos/23165290@N00/7283200708/

❖ ― 미국 스미스소니언 박물관의 호
모 에렉투스 모형

백질이 분해되었기 때문입니다. 우리가 먹는 밥도 쌀을 물과 함께
30~40분 끓이면서 쌀 안에 있던 녹말이 분해되어 몸 안에서 소화
시킬 일이 3분의 1로 줄어드는 것처럼 말이죠. 마찬가지로 생고기를
먹으면 씹기도 어렵고 그만큼 소화시키는 데도 오래 걸립니다. 먹은
것을 소화시키기 위해서 서너 시간을 쉬는 데 써야 하죠. 그런데 불
을 사용해 음식을 구워 먹기 시작하면서 소화 시간이 줄어들고 그렇
게 생긴 나머지 시간에 다른 일을 할 수 있게 된 것입니다. 또 덜 씹
어도 되니 이가 약해지면서 아래턱이 줄어듭니다. 아래턱이 강하게
발달한 원숭이나 고릴라의 턱이 앞으로 튀어나와 있는 것과는 다른
모습이죠.

아래턱이 줄어들면서 혀가 이전보다 훨씬 더 자유로워집니다.
그리고 성대의 구조가 변하면서 드디어 말을 할 수 있게 됩니다. 우

196

리말 모음에는 '아, 야, 어, 여, 우, 유, 으, 유, 으, 이', 기본 모음에는 '아, 에, 이, 오, 우'가 있는데, 이 다섯 개를 합성해서 합성 모음이 15개 정도 됩니다. 이 15개 되는 서로 다른 형태의 모음을 말할 수 있는 건 사람이 유일합니다. 물론 구관조 같이 몇몇 새들은 인간처럼 다양한 발음을 할 수 있지만 일반적인 포유류는 다양한 모음을 발음할 수가 없습니다. 언어를 사용하는 건 인간만의 큰 장점이죠.

인간만의 또 다른 특징은 바로 성교의 방식입니다. 침팬지나 보노보는 배란기가 되어 짝짓기를 할 때가 되면 서로 정해진 파트너 없이 수컷과 암컷이 만나는 대로 짝짓기를 합니다. 이것을 난교형이라고 합니다. 고릴라 같은 경우에는 하렘Harem형이라고 해서 수컷 한 마리가 암컷 대여섯 마리와 가족을 이룹니다. 포유류 중에 일부일처를 유지하는 경우는 10%도 되지 않습니다. 나머지 90%는 일부다처거나 난교형입니다. 일부일처를 유지하는 동물의 경우도 대부분은 자기 가족들끼리만 생활을 하는데 인간만이 유일하게 집단을 이루면서도 일부일처를 유지합니다. 이런 이유로 인간은 배란을 숨기고 남들 앞에서 성교를 하지 않죠. 그리고 여자의 경우 50대 이상이 되면 더 이상 생리를 하지 않는 등 인간만의 특징을 가지게 됩니다.

한 번 정리를 해 볼까요? 최초의 인류는 약 450만 년 정도 전에 나타난 오스트랄로피테쿠스입니다. 이들의 특징이 바로 앞서 이야기한 직립 보행입니다. 즉 초원에서 살기 시작한 첫 번째 인류라는 뜻이겠죠. 그러다가 3백만 년부터 2백만 년 전 사이에 호모 하빌리스Homo habilis라는 종이 생겨나는데, 호모라는 이름이 붙은 첫 번째 종입니다. 지금의 우리와 같은 속인 첫 인류가 나타나는 거죠. 그러다가 200만 년부터 100만 년 전 사이에 드디어 호모 에렉투스가 등장합니다. 이 호모 에렉투스가 누구냐 하면, 북경원인 등으로 이야기되는 구석기 시대의 가장 대표적인 인종으로 이때부터 불을 사용하기 시작합니다. 불을 사용하기 시작하면서 생기는 여러 가지 진화의 특징들이 바로 이때부터 시작되는 거죠. 그러다가 드디어 호모 네안데르탈렌시스(네안데르탈인, Neanderthal man)와 호모 하이델베르겐시스Homo heidelbergensis, 호모 사피엔스Homo sapiens 등 지금 현재 우리와 거의 흡사한, 즉 말을 할 수 있고, 아래턱이 들어가 있는 등의 특징을 가진 인류가 등장하기 시작합니다. 그래서 현재 우리의 인류라고 얘기하는 호모 사피엔스는 대략 40만 년에서 50만 년 전에 아프리카에서 나타났다고 할 수 있습니다. 나머지 종들은 경쟁에서 패해 멸종했죠.

한 가지 짚고 넘어갈 건 지금 우리는 사람을 흔히 황인종, 흑인종, 백인종으로 나누는데 이렇게 나누는 건 사실 아무런 의미도 없는 일입니다. 모든 인류는 호모 사피엔스로부터 만들어졌는데, 호모 사피엔스는 아프리카에서 생겼기 때문에 원래는 다 흑인이었던 거죠. 즉 지금은 노란 얼굴의 동아시아인의 조상도, 백인의 조상도, 흑인의 조상도 모두 다 흑인이었다는 겁니다. 사람마다 차이는 있지만 여름철에 밖에 나가서 오래 돌아다니면 얼굴이 까맣게 타죠? 햇빛에 닿으면 까맣게 변하는 멜라닌 색소 때문인데 이 멜라닌 색소가 바로 흑인의 특징입니다. 그리고 남아프리카에 사는 흑인부터 알래스카에 사는 에스키모까지 전 세계 인종의 유전자를 조사해 본 결과 유전자의 차이도 거의 없었습니다. 지금으로부터 10만 년쯤 전에 인류의 조상들이 거의 멸종할 뻔한 사건이 있었고 그때 살아남은 몇천, 몇만 명쯤 되는 최후의 생존자들로부터 지금의 70억이라는 인구 전체가 만들어졌기 때문에 유전자의 차이가 크지 않은 것이죠.

그렇다면 흑인은 모두 다 똑같은 흑인일까요? 우리 눈에는 남아프리카 흑인이나 인도 남쪽에 사는 흑인, 스리랑카, 남미, 북아프리카의 흑인들이 모두 똑같아 보입니다. 하지만 실제로 북아프리카 흑인은 지금의 이탈리아인과 유전적으로 가장 가깝고, 인도 남쪽의 흑인들은 스웨덴, 그리고 오스트레일리아 위쪽 파푸아뉴기니에 사는 흑인들은 태국인과 가장 가깝습니다. 남아프리카의 흑인들만 어느 누구와도 비슷하지 않습니다. 이렇듯 흑인의 피부색은 모두 같아 보이지만 유전적으로는 모두 다르고, 인류의 피부색은 모두 달라 보이지만 유전적으로는 또 모두 비슷합니다. 이런 의미에서 인종 구별은 의미가 없다고 봐야겠죠.

그리고 한 가지 더, 앞서 이야기했듯이 아주 옛날에는 호모 사피엔스가 나머지 종들을 다 물리치고 인류의 조상이 되었다고 생각했습니다. 그런데 20세기 말부터 21세기 초에 인류의 조상이 네안데르탈인과 짝짓기를 했다는 새로운 사실이 밝혀집니다. 그래서 우리 안에는 네안데르탈인의 유전자가 있는데 그 유전자를 가장 많이 가

❖ ─ 네안데르탈 여성의 복원도

진 것이 유럽에 살던 사람들입니다. 아시아인들에게는 비교적 네안
데르탈인의 유전자가 적은데 당시 짝짓기를 한 장소가 유럽이었기
때문입니다. 그다음 주로 짝짓기가 이루어진 곳이 러시아의 알타이
산맥에서 발견된 데니소바 동굴인데, 그쪽에 살았던 네안데르탈인
과 비슷한 데니소바인의 유전자가 지금의 남태평양 원주민들과 네
팔 사람들에게서 주로 발견됩니다. 즉 우리의 피 속에는 네안데르탈
인도, 데니소바인도 섞여 있습니다. 우리 중 그 누구도 순수한 호모
사피엔스는 아니라는 말이죠.

　　문명이 발생하기 전까지의 시기를 보통 석기 시대라고 부르는
데, 이 석기 시대는 다시 구석기, 중석기, 신석기로 나뉩니다. 구석기,
신석기에 비해 중석기라는 말은 좀 생소한데 지역에 따라서 중석기
시대가 나타나는 경우가 있고, 나타나지 않는 경우가 있습니다. 우

리나라에서는 중석기 시대가 잘 나타나지 않아서 덜 알려져 있습니다. 신석기 다음은 청동기라고 흔히들 알고 있는데 청동이라는 건 구리로만 이루어진 게 아니라 주석이 섞여야 합니다. 처음 주석과 구리를 섞는 방법을 모르고 구리만 사용하던 때가 있었는데 이때를 동기 시대라고 얘기합니다. 그다음 주석을 섞은 청동기를 이용한 시대를 청동기 시대, 그 뒤를 철기 시대라고 부르죠. 지역에 따라 조금씩 다르긴 하지만 신석기가 시작되면서 문명이 시작됩니다. 그 이전을 선사 시대, 그 이후를 역사 시대로 나누는 이유죠.

신석기 시대는 지금으로부터 약 1만 년 전에 시작되었습니다. 인류는 점점 늘어나고 그러다 보니 비좁은 땅덩이에서 서로 싸우다가 뿔뿔이 흩어져 처음에는 따뜻한 열대 지방에 살다가 점점 온대 지방으로 넘어가기 시작합니다. 그런데 문제는 온대 지방에 찾아온 겨울이었습니다. 겨울이 되면 과일도 열리지 않고 동물들도 동면에 들어 사냥도 힘들고, 조개를 캐서 먹으려 해도 냇가가 얼어붙어 그마저도 쉽지 않았습니다. 처음에는 이렇게 속수무책으로 죽음을 맞이했죠. 하지만 이렇게 몇 번의 겨울을 맞으며 살아남은 무리들은 겨울을 대비하기 시작합니다. 겨울을 위한 준비라는 건 특별할 게 없습니다. 음식을 건조하게 말리는 거죠. 우리가 자주 먹는 육포의 시작은 고기를 사냥한 다음에 지금 당장 먹을 것 빼고 나머지를 말린 데서부터 시작된 것입니다.

먼저 연기로 익히는 훈연을 하는데 훈연을 하는 첫 번째 이유는 살균입니다. 다음으로 수분이 빠져나가 건조해지도록 온도를 높입니다. 꿀과 소금, 설탕을 냉장고에 보관하지 않아도 되는 이유가 무엇인지 아세요? 꿀, 소금, 설탕의 공통점은 수분이 없다는 겁니다. 수분이 없으면 상하지 않죠. 그래서 설탕과 꿀은 유통기한이 없습니다. 다만 수분이 들어가면 상하기 때문에 반드시 밀폐해서 보관해야 하는 거죠. 마찬가지로 고기도 과일도 말리면 오래 두고 먹을 수 있습니다. 그래서 신석기 시대에는 과일도 말리고 고기도 말리는데, 이것만으로는 겨울을 나기에 충분하지 않으니 볏과 식물들, 즉 쌀, 밀, 보리 등을 껍데기를 벗기지 않고 보관하기 시작합니다. 보관을 하려면 일단 모아서 가져와야겠죠? 그러다가 흘린 것들 중 일부가 마을 주변에 뿌려지는데 다음 해에 보니 이게 자라 있는 거죠. 그럼 다시 수거해 오고, 수거해 오다 다시 흘리고, 다시 자라고, 이렇게 반복하다 보니 씨앗을 뿌리고 그 자리에서 거두면 된다는 걸 깨닫게 된 것입니다. 바로 그렇게 해서 신석기 시대에 농경이 시작됩니다. 처음에는 씨앗을 흩뿌리는 데 그쳤지만 시간이 지나면서 밭을 갈 듯이 땅을 좀 파서 씨앗을 뿌리고 묻어 주면 더 많은 곡식을 얻는다는 것도 알게 됩니다. 이 과정에서 가축이 생기고, 그러면서 더 많은 곡식을 얻는 사람과 그렇지 못한 사람이 생기게 됩니다. 본격적인 인류의 불평등이 시작되는 거죠.

이렇게 농경을 할 수 있게 된 데에는 환경의 변화도 큰 영향을 끼쳤습니다. 지금으로부터 1만 2천 년 정도 전에 마지막 빙하기가 끝납니다. 그리고 기후가 안정됩니다. 즉 매년 비슷한 날씨가 되풀이되는 것이죠. 이는 농사와 유목에 결정적인 역할을 합니다. 3월이면 눈이 녹고 날씨가 따뜻해진다는 걸 알아야 언제 파종할지를 계획할 수 있고, 언제 장마가 지는지 언제 가무는지를 알아야 대비를 하고 어떤 종을 재배할지 미리 생각할 수 있습니다. 그리고 어느 계절에는 어디로 가야 양이며 소, 말을 먹일 풀이 자라는지를 알 수 있죠. 물론 1만 2천 년 전에도 그런 안정된 기후를 가졌을 때가 없지는 않았지만 그때는 아직 인간이 농사를 짓고 유목을 할 여건이 되지 않았죠.

근대 이전 인간의 역사

이제 빙하기가 끝나고 봄, 여름, 가을, 겨울이 확실히 구분되는, 기후가 안정되는 시기가 옵니다. 기후가 안정되고 인구가 늘어나면서 밀, 벼, 보리, 옥수수와 같은 곡식을 경작하기 시작하고 동시에 가축도 기르기 시작합니다. 수렵과 채집을 주로 하던 방식에서 농경과 목축으로 진화한 시기인데 이 시기는 지역마다 조금씩 다르지만 보통 신석기에서 청동기 사이입니다.

지금 우리가 먹는 밀가루의 선조가 되는 야생 밀을 보면 끄트머리에 이삭이 아주 조그맣게 붙어 있습니다. 이것을 외알 밀이라고 부르는데 이 외알 밀을 다른 종과 교배해 염색체 수를 두 배로 늘린 것이 엠머 밀입니다. 스파게티 등을 만들 때 쓰기도 하는데 이것도 지금 우리가 먹는 보통의 낱알보다는 작습니다. 이 엠머 밀을 가지고 다시 세 배 뻥튀기를 한 것이 지금 우리가 먹는 빵 밀입니다. 우리가 먹는 밀가루가 바로 이 빵 밀을 빻아서 가루를 낸 것인데 이즈음 인류는 처음으로 금속을 이용하게 됩니다. 인류가 처음 사용한 금속은 금과 은인데 도구로 사용하기에는 실용성이 떨어지죠.

지각의 8대 원소는 산소, 규소, 알루미늄, 칼슘, 나트륨, 마그네슘, 칼륨입니다. 이 중 금속으로 가장 매장량이 많은 것은 알루미늄입니다. 이 알루미늄은 19세기 말부터 사용되기 시작했고, 가장 먼저 사용된 것은 구리, 그다음 철, 알루미늄 순이었습니다. 즉 금속을 사용한 순서에는 매장량이 아닌 다른 이유가 있었던 거죠. 우리가 금속을 쓰려면 산소와 분리를 시켜야 하는데 그 과정이 구리가 가장 쉬웠던 것입니다. 구리는 800도 정도로 가열하면 산소와 자연적으로 분리가 되지만 철은 1200도 정도로 가열을 한 다음 코크스라는 걸 넣어서 산화를 시켜야만 분리가 가능하고, 알루미늄은 전기 분해를 시켜야만 분리가 됩니다. 따라서 이렇게 분리하기 쉬운 순서대로 쓰기 시작해서 처음에 청동기, 그다음 철, 마지막에 알루미늄을 쓰게 된 거죠.

드디어 역사 시대입니다. 역사 시대 중에서도 우리는 과학이 처음 시작된 때를 고대 그리스로 봅니다. 그리스의 철학자 탈레스는 만물의 근원을 물이라고 이야기했습니다. 그리고 엠페도클레스는 만물은 물, 불, 흙, 공기 네 가지 원소로 이루어졌다고 이야기했죠. 전 세계적으로 다양한 사유와 이론들이 쏟아져 논리를 경쟁했던 시기가 몇 차례 있는데, 고대 그리스, 그다음 중국의 춘추전국시대 제

자백가, 즉 공자도 나오고, 도가도 나왔던 시기, 그리고 세 번째로는 르네상스 이탈리아, 네 번째로는 과학 혁명기의 서유럽을 듭니다. 이 네 시기의 공통점은 왕 또는 황제가 확고한 권력을 갖고 있는 게 아니라 여러 소규모의 국가로 나누어져 있었다는 것입니다. 고대 그리스는 여러 도시국가들이 서로 협력하고 경쟁하며 살아가던 시기이고, 춘추전국시대 중국도 여러 나라로 나뉘어 있었고, 르네상스 시기 이탈리아도 베네치아, 피렌체, 로마, 밀라노 같은 각각의 도시들이 모두 독자적인 국가였습니다. 과학 혁명기 때 서유럽도 네덜란드, 덴마크, 프랑스, 영국, 스페인, 포르투갈, 이탈리아, 오스트리아로 모두 나뉘어 있었죠. 이렇게 서로 다른 나라들이 경쟁을 하고 그 경쟁에서 이기기 위해 다양한 논리들을 펼치다 보니 논리적인 사고가 발달하고 그것이 바로 과학의 발달에 밑바탕이 되었던 것입니다.

이 중에서 고대 그리스를 보게 되면 소크라테스 이전을 자연철학의 시대라고 이야기하는데 아직 과학과 철학이 분리되지 않은 시기입니다. 자연철학의 시대라 부르는 것은 또 하나 소크라테스 이후 철학의 주된 관심이 자연에서 인간으로 옮겨 간 데 있습니다. 소크라테스 이전 철학은 이 세계의 본질이 무엇인지, 변화란 과연 존재하는지, 존재한다면 그 이유는 무엇인지 등 자연의 본질을 탐구하는 것이 주된 관심이었습니다. 과학과 철학이 혼재되어 있던 이 시기의 학자들로는 앞서 이야기한 밀레투스학파인 탈레스, 직각삼각형의 정리로 유명한 피타고라스, 헤라클레이토스와 엠페도클레스, 파르

메니데스, 그리고 원자론을 주장한 데모크리토스 등입니다. 이들 모두 소크라테스보다 앞선 시대의 사람들로 철학자이기도 하고 동시에 과학자이기도 했습니다.

소크라테스와 플라톤을 거쳐 아리스토텔레스로 넘어오면서 우리가 알고 있는 고대 그리스의 모습이 갖추어집니다. 아리스토텔레스는 질료인, 형상인, 목적인, 운동인이라는 네 가지 원인으로 사물의 변화를 설명하는데, 여기서 질료인은 목적하는 형상을 이루는 바탕 재료, 즉 탈레스나 엠페도클레스가 이야기한 만물은 무엇으로 이루어져 있는가에 대한 답이고, 형상인은 모든 만물의 본질이나 형상이 마치 집의 설계도처럼 정해져 있다는 뜻입니다. 다음으로 운동인은 만물이 움직이는 원인으로, 엠페도클레스 같은 철학자는 우주를 구성하는 기본 원소인 물, 불, 흙, 공기가 인력(사랑)과 척력(미움)을 통해 작용하면서 만물이 움직인다고 이야기했습니다. 그리고 마지막으로 왜 움직여야 하는가, 즉 움직이는 목적에 대해 플라톤은 현실 세계의 모든 것은 완전한 세계인 이데아를 닮아 가기 위해서 변한다고 이야기합니다. 굉장히 어려운 이야기죠? 이런 논의들을 모은 사람이 바로 아리스토텔레스입니다.

이렇게 아리스토텔레스에 의해 고대 그리스의 철학과 과학 체계가 잡히기 시작합니다. 물론 철학의 측면에서는 플라톤과 아리스토텔레스가 맞서는 측면이 있고, 또 서양 철학의 많은 전통이 플라톤을 잇고 있지만 과학에서는 아리스토텔레스의 영향이 절대적이었습니다. 그러면서 천문학도 발달하게 되는데 고대 그리스의 아리스타

❖ ― 히포크라테스

르코스라는 천문학자가 지금으로부터 약 2천 년 전에 최초로 지구가 태양을 돈다고 이야기합니다. 그리고 아마도 아리스타르코스의 주장을 참고하였을 가능성이 큰 코페르니쿠스가 르네상스 시기 다시 지동설을 주장하죠. 그리고 우리가 아는 천문학의 가장 기초적인 지식을 만든 히파르코스가 등장합니다. 우리에게는 조금 낯선 이름이지만 우리가 잘 아는 안드로메다 별자리나 북극곰 자리 등 별자리를 정리한 것도 바로 이 히파르코스입니다. 또 별을 밝기에 따라 1등성, 2등성, 3등성, 4등성, 5등성, 6등성까지 나눈 것도 히파르코스죠. 그리고 140년경에 프톨레마이오스라는 천문학자가 고대 그리스의 천문학적 지식들을 집대성해 한 권의 책을 만드는데 그 책의 이름이 바로 『알마게스트Almagest』입니다. 아랍어로 위대한 책이라는 뜻입니다. 프톨레마이오스가 지은 이름은 아니고, 후세의 아랍인들이 다시 붙인 이름인데 이후 유럽으로 책이 넘어가면서 그대로 굳어

버린 거죠.

아리스토텔레스 체계에 따라 그리스의 의학도 발달하는데 우리에게 알려진 가장 대표적인 인물이 바로 히포크라테스입니다. 의사가 되면 맨 처음 히포크라테스 선서를 하는데 바로 이 사람의 이름을 딴 거죠. 히포크라테스는 아리스토텔레스가 이야기한 물, 불, 흙, 공기의 4원소설을 인간에게 적용하여 우리 인간의 몸도 혈액과 점액, 황담액과 흑담액이라는 네 가지의 액체가 균형을 이루어야만 건강하다고 주장합니다. 따라서 이 네 가지 액체의 균형이 어긋나면 질병에 걸리는데 그것이 바로 4체액설입니다. 이 4체액설이 18세기까지 유럽의 의학을 지배합니다.

한편 그리스, 페르시아, 인도에 이르는 대제국을 건설하며 고대 서아시아를 모두 정복한 알렉산드로스대왕이 죽자 영토는 네 조각이 납니다. 그 네 조각 중 하나가 이집트인데, 그곳에는 지금은 폐허가 되어 버린 알렉산드리아라고 하는 큰 도시가 있었습니다. 이곳에 무세이온이라는 건물이 세워지는데 지금의 뮤지엄, 즉 박물관의 어원이 무세이온입니다. 여기에 고대에서 가장 큰 도서관이 생기고, 이 도서관에서 학자들 천 명이 모여 연구를 합니다. 그러면서 그리스 때부터 내려온 여러 가지 학문들을 새롭게 꽃피우게 됩니다. 이때 이미 증기 기관을 만들었고, 성전에 들어갈 때 손과 발을 씻기 위해서 동전을 던지면 자동으로 필요한 만큼의 물이 나오는 자동판매기, 단추를 누르면 돌로 된 문이 열렸다 닫혔다 하는 자동문도 만들었다고 하니 믿어지지 않을 정도죠.

그러다가 이집트가 로마제국으로 합병이 됩니다. 로마제국에서도 알렉산드리아는 남아 있었는데 유럽의 중세가 시작되며 이때까지 쌓아 왔던 여러 학문적 업적이 싹 날아가 버리게 됩니다. 로마 말미에 과격한 기독교도들이 알렉산드리아의 도서관을 완전히 파괴해 버리고 말았죠. 하지만 다행스럽게도 고대 그리스의 학문적 업적이 담긴 책들이 당시 외래 사상에 관대했던 이슬람으로 넘어가 그들의 말로 번역이 됩니다. 그 번역을 주로 담당했던 곳이 당시의 번역 전문 기관인, 지금의 이라크 바그다드에 있던 지혜의 집인데 당시는 압바스 왕조의 수도였습니다. 그래서 당시에는 전 세계에서 학문이 가장 뛰어난 두 나라로 압바스 칼리프국 이란과 중국을 꼽았죠. 당시 압바스 칼리프국은 아프리카 북쪽 해안 대부분과 아라비아반도, 지금의 소아시아 지역과 이란까지를 포함하는 대제국이기도 했습니다. 유럽은 변방에도 미치지 못하는 나라였죠.

자본의 탄생

10~12세기경 유럽의 르네상스가 시작되기 전 100~200년 사이, 고대 그리스의 책들이 이슬람에서 다시 유럽으로 번역되어 전파되기 시작합니다. 그리스어와 라틴어에서 이슬람어로 번역되었던 책이 다시 라틴어로 재번역된 것이죠. 지금의 스페인과 이탈리아 남쪽의 섬 시칠리아 그리고 베네치아 등이 당시 번역의 중심이었습니

다. 그리고 아리스토텔레스의 사상이 유럽 전역에 퍼지게 됩니다.

비슷한 시기 이탈리아로부터 시작해서 프랑스나 영국 그리고 독일 등에서 도시가 발달하고 경제가 활성화되면서 교육에 대한 열망이 커집니다. 기존의 수도원 학교로는 이러한 수요를 감당할 수 없게 되자 이탈리아의 볼로냐, 영국의 옥스퍼드, 프랑스의 파리 대학 등이 세워집니다. 유럽의 중요한 도시마다 대학들이 들어서며 유럽 지성의 새로운 요람으로 성장합니다. 이 대학들이 아리스토텔레스의 자연철학을 받아들이며 유럽에서는 거의 천 년 만에 아리스토텔레스가 복권됩니다. 유럽의 르네상스는 한편으로 고대 그리스 로마의 문화를 받아들이고 그들의 사상을 재등장시키는 시기였지만 과학에서는 아리스토텔레스적인 고대 그리스의 세계관을 받아들이는 시기이기도 했습니다. 그리고 서서히 아리스토텔레스의 사상이 무르익자 이제 아리스토텔레스를 극복해 보자는 생각들이 유럽 안에서 일어나기 시작합니다. 이 시기 과학 분야에서는 과학혁명이 일어나는데, 약 17~18세기경이 됩니다.

당시 사람들은 왜 아리스토텔레스를 극복하려고 했을까요? 먼저 고대 그리스에 대한 이해가 깊어지면서 아리스토텔레스뿐만 아니라 그와 경쟁했던 데모크리토스와 플라톤 등 다양한 이론에 대해서 더 잘 알게 된 측면이 있습니다. 또 아리스토텔레스의 세계관과 과학 이론에 익숙해지면서 그 단점들도 눈에 들어오게 된 거죠. 그리고 아리스토텔레스의 이론으로 설명이 되지 않는 다양한 현상들도 발견하게 됩니다. 이를 극복하기 위해 다양한 모색을 하면서 천문학과 물리학에서 그리고 화학과 생리학에서 기존의 학설에 도전하는 사람들이 나타났습니다. 천문학에서는 코페르니쿠스와 케플러 그리고 갈릴레이가 천동설 대신 지동설을 주장하였으며, 물리학에서는 갈릴레이와 데카르트, 하위헌스, 뉴턴에 의해 완전히 새로운 역학 이론이 만들어집니다. 또 화학 분야에서는 보일과 라부아지에, 돌턴 등이 원자론을 주장합니다. 생리학에서도 하비를 비롯한 많은 과학자들이 기존 아리스토텔레스 세계관의 연장이었던 히포크라테스의 이론을 극복하기 위해 애쓰고 있었죠. 이런 노력들은 철학에서도 나타나 프랜시스 베이컨의 경험론과 데카르트의 『방법서설』을 통한 합리적 회의주의는 새로운 세기의 과학자들에게 새로운 과학 방법론을 제시합니다.

유럽의 사회도 변화합니다. 새로운 식민지와 교역국이 생기고 더 많은 부가 주어지게 됩니다. 그리고 기술도 발전했죠. 이런 여러 상황 속에서 유럽은 18세기 중반 산업혁명을 맞이합니다. 산업혁명 이전의 지배 계급은 왕과 토지를 소유한 영주였습니다. 지배를 받는 이들은 농노와 일부 자영농들이었죠. 산업혁명이 일어나던 시기 영국에서는 면직 산업과 모직 산업이 발전합니다. 모직 산업의 원료는 양털인데 양털 가격이 올라가자 지주들은 소작농에게 빌려 주던 토지를 회수해 초지를 만들고 양을 키웁니다. 농사지을 땅이 없어진 농민들이 도시로 몰리게 되자 영국의 도시는 시골에서 올라온 도시 빈민들로 넘쳐나게 됩니다. 또 면직산업과 모직 산업이 발달하면서 기존의 직공들로는 그 수요를 감당하지 못하는 상황에서 새로운 기

❖ — 산업혁명 시기 직조 공장을 재현한 모습

계가 나타납니다. 새로운 기계는 기존 직공보다 훨씬 많은 양을 더 빠른 시간에 만들어 내는데, 이 기계는 조작도 간편해서 누구나 배우기 쉬웠습니다. 기계를 돌릴 노동자들의 자리는 농촌에서 쫓겨난 도시 빈민들의 몫이 되었죠.

그렇게 이전 봉건제 사회에서 가장 많은 수를 차지했던 농민 계층이 줄어들고 공장에서 일하는 노동자들이 늘어나기 시작합니다. 사회 구조가 변화하기 시작한 거죠. 지배 계급도 이전에는 농노들을 다스리는 영주와 땅을 가진 귀족들이었다면, 이제 공장을 짓고 공장에서 이윤을 얻는 산업자본가와 배를 가지고 무역을 해서 돈을 버는 상업자본가들, 그리고 이런 사람들에게 돈을 빌려주는 금융자본가들이 중요한 지배 계급으로 떠오르게 됩니다. 귀족과 농노라는 봉건적 사회 구조에서 산업혁명을 통해 자본주의 사회로 이동하게 되면서 18세기 후반, 인류의 역사는 이전과는 전혀 다른 모습으로 변화하게 됩니다.

하지만 이러한 변화가 꼭 좋은 것만은 아니었습니다. 이 시기 대표적으로 대두되는 문제가 바로 아동 노동이었습니다. 18세기 후반에서 19세기 초를 흔히 야경국가라고 부르는데, 쉽게 말해 국가는 치안 유지 등의 최소한의 역할만을 담당하고, 나머지는 시장에 맡기는 자유주의 사회였습니다. 그런데 이런 사회에서는 당연히 힘을 가진 자가 살기가 편했겠죠. 그리고 이 당시 힘을 가지고 있던 사람은 당연히 돈을 가지고 있던 자본가들이었습니다. 공장을 가지고 있는 사람, 배를 가지고 있는 사람, 돈을 가지고 있는 사람. 힘없는 노동자들은 남편과 아내가 죽어라 일을 해도 먹고 살기가 힘들었습니다. 그래서 열 살쯤 되는 아이들도 학교가 아닌 공장이나 탄광에서 일을 하기 시작합니다. 특히 탄광에서의 노동은 끔찍했는데, 돈과 인력을 덜 들이기 위해 최대한 굴을 작게 파고 몸집이 작은 아이들을 굴속에 밀어 넣어 탄을 캐오게 했죠. 이런 식의 문제들이 사회 곳곳에서 터져 나오기 시작하면서 사회 갈등이 점차 심각해집니다. 우리가 잘 아는 프랑스 대혁명이나 다양한 봉기 등이 일어나는 것도 바로 이 시기입니다.

이 시기는 또한 유럽이 제국주의화되면서 전 세계를 지배하던 시기이기도 합니다. 영국과 프랑스는 아프리카를 남북과 좌우로 나눠 가졌고, 인도와 파키스탄, 오스트레일리아는 영국이, 동남아시아 대부분은 프랑스가, 인도차이나반도는 네덜란드, 필리핀은 미국, 브라질은 포르투갈이, 브라질을 제외한 중남미는 모두 스페인이 지배하게 되면서 독립국을 유지하고 있는 나라는 동아시아의 중국과 일본, 한국, 동남아시아에서는 태국 정도였습니다. 태국의 경우 국경의 동쪽은 프랑스령이었고, 서쪽은 영국령이었는데 당연히 두 나라 모두 태국을 집어삼키고 싶어 했기 때문에 서로 상대에게 넘기느니 독립국으로 두는 게 낫겠다고 판단했던 것이죠. 아프리카에서 남은 유일한 독립국인 에티오피아 역시 영국과 프랑스가 서로 가지려고 싸우다가 남겨진 나라였습니다. 이렇게 어정쩡하게 남겨진 몇 개 나라들과 중국, 동아시아를 빼고는 거의 전 세계가 크게 영국과 프랑스, 그리고 네덜란드와 스페인, 포르투갈, 뒤늦게 뛰어든 독일, 벨기에 등의 나라에 의해 쪼개진 것이 모두 산업혁명기의 일입니다.

그렇다면 앞선 16~17세기 대항해 시대와 19세기의 제국주의는 무슨 차이가 있을까요? 16~17세기 대항해 시대 때도 식민지는 있었습니다. 이때는 주로 남아메리카에서 철, 금, 은 등을 약탈하고, 사람들을 잡아다가 노예를 만드는 것이 위주였다면, 19세기가 되면서부터는 식민지에서 플랜테이션 경영을 시작하게 됩니다. 고무나무 심어서 키우고 그 옆에 고무 수액 말려서 고무 만드는 공장 짓고, 목화밭 키우고 그 옆에 목화솜 터는 공장을 짓고, 사탕수수 농장 만들고 그 옆에 설탕 만드는 공장 짓고. 이렇게 식민지에도 공장이 세워지기 시작합니다. 유럽의 자본주의를 넘어 전 세계의 자본주의화는 바로 이렇게 세워진 식민지의 공장으로부터 시작되었다고 해도 과언이 아니었죠.

8

근대에서
현대로

지구,
우주의 한 부분이 되다

16세기에서 18세기 후반 과학혁명의 시기에 우리가 학교에서 배웠던 대부분의 과학이 자리를 잡게 됩니다. 이전까지는 천문학 말고는 물리학도 화학도 자기 이름을 갖지 못했는데, 이때부터 이름을 가지게 되죠. 먼저 천문학에서는 16세기 말에 지동설을 주장한 코페르니쿠스를 빼놓을 수 없습니다. 그리고 티코 브라헤Tycho Brahe 라는 눈이 밝은 천문학자가 하늘의 신성Nova을 발견하는데 그냥 노바가 아니라 슈퍼노바, 즉 초신성이었습니다. 이것이 어떤 의미인가 하면 이전까지는 하늘의 별이나 행성 같은 것들은 새로 생기지도 않고 사라지지도 않고 항상 그대로 있다고 생각했는데, 티코 브라헤가 처음으로 하늘에서 새로운 별이 만들어지는 걸 발견한 것입니다. 다음으로 티코 브라헤는 혜성을 보는데 물론 기원전에도 사람들은 혜성이 있다는 걸 알고는 있었지만 티코 브라헤가 목성과 화성 사이에 궤도를 가지고 있는 혜성을 발견하기 전까지는 혜성이 별똥별처럼 대기권에서 일어나는 일이라고 생각했습니다. 원운동을 하지 않는 새로운 천체를 발견하게 된 것이죠.

그리고 바로 케플러가 타원 궤도를 발견하게 됩니다. 즉 화성이나 목성 또는 금성 같은 행성들이 원래는 전부 다 원 궤도를 돌고 있다고 생각했는데 알고 봤더니 타원 궤도를 돌더라는 것이죠. 이전까지 아리스토텔레스의 천문학에 따르면 우주에 있는 모든 천체들은 완전한 운동인 원운동을 해야 하는데 그 믿음이 완전히 깨져 버리게 됩니다. 이와 더불어 속력이 일정한 완전한 운동인 원운동을 하지 않는 천체들은 어떠한 힘으로 운동을 하는 것인지에 대한 고민도 생기게 되죠.

그리고 이제 갈릴레이가 망원경을 통해서 하늘을 바라보게 되는데, 첫 번째로 금성의 위상 변화를 관측합니다. 우리는 금성이 지구의 반대편, 즉 태양 뒤쪽에 있을 때는 보름달의 모습이고, 앞쪽에 있을 때는 그믐달 모습이라는 걸 알고 있죠. 보름달일 때를 삭, 그믐달일 때를 망이라고 배웠습니다. 그런데 갈릴레이가 금성의 보름달 모습을 발견하기 전까지는 사람들은 전부 다 금성이 그믐달 모습이거나 아니면 두꺼워 봤자 상현달이나 하현달 모습일 거라고 생각했습니다. 그전까지 사람들이 믿어 왔던 천동설에 따르면 금성은 태양보다 앞쪽에서 지구 주위를 도는 행성이었기 때문입니다. 천동설에 따르면 금성이 태양 뒤쪽으로 갈 리 없으니 보름달 모습을 볼 수가 없는 거죠. 또 실제로 망원경이 발견되기 전까지 금성의 보름달 모습을 보는 것은 쉬운 일이 아니었습니다. 금성이 보름달일 때는 지구에서 가장 멀리 떨어져 있을 때라 크기도 작고 또 어두웠기 때문입니다.

게다가 금성이 태양의 바로 뒤쪽에 있으면 태양과 같이 뜨고 같이 지기 때문에 해가 지기 전 20분, 해 뜨기 전 20분 정도밖에 관찰할 수가 없었습니다. 금성이 태양 뒤쪽에 있는 게 일 년에 한두 번밖에 없는 일이기 때문에 일 년에 한두 번, 20분밖에 관찰할 수가 없었던 거죠. 그런데 갈릴레이가 금성의 위상 변화를 관찰하면서 지구가 우주의 중심이 아니라 태양을 중심으로 행성들이 돈다는 사실의 증거를 확보하게 됩니다. 즉 이전까지 코페르니쿠스의 주장은 증명이 안 된 가설일 뿐이었다면, 이제 금성의 위상 변화를 통해서 지동설은 확실한 증거를 가진 이론이 된 것입니다.

두 번째로 갈릴레이는 태양의 흑점이 변하는 걸 관찰하는데 물론 그전에도 이슬람 과학자들이 흑점을 발견하기는 했습니다. 하지만 갈릴레이가 망원경을 통해서 좀 더 면밀하게 봤더니 태양에 있는 흑점들이 모두 같은 방향으로 움직이더라는 거죠. 서에서 동으로, 즉 이는 흑점이 움직이는 게 아니라 태양 자체가 자전을 하고 있다는 증거가 되기도 하고, 또 두 번째로는 이전의 사람들은 흑점을 구름이나 우주에 있는 먼지 때문에 생긴 것이지 태양 자체가 가지고 있는 게 아니라고 생각했는데 — 하늘에 있는 천체는 완전해야 하는데 반점 같은 것이 있으면 안 되니까 — 갈릴레이가 흑점이 태양 표면에 있는 걸 확실하게 확인한 것이죠. 이런 증거들을 가지고 갈릴레이는 이전까지 서구 유럽을 지배했던 아리스토텔레스의 천문학을

❖ — 갈릴레오 갈릴레이의 초상화

깨 버리고 다시 새로운 천문학을 만들게 됩니다.

천문학 혁명의 마지막을 장식한 것은 뉴턴입니다. 뉴턴은 태양이 우주의 중심이고 지구를 비롯한 여러 행성들이 태양 주위를 타원궤도로 돌며 운동하는 원인이 바로 '중력'이라는 사실을 밝힙니다. 그리고 지상에서 물체들이 지구로 떨어지는 이유 또한 중력 때문이라는 것을 밝혀냈죠. 뉴턴의 중력의 법칙은 이렇게 천상계에서 일어나는 일과 지상계에서 일어나는 일이 모두 한 가지 원인임을 밝히는 중요한 사건이었습니다. 모든 물체는 둘의 질량의 곱에 비례하고 서로간의 거리의 제곱에 반비례하는 서로 당기는 힘을 가진다고 하는, 어찌 보면 아주 단순한 단 하나의 법칙이 우주 만물이 운동하는 원인이라는 걸 알아낸 것입니다. 이를 흔히 달이 지구 주위를 도는 것은 사과나무에서 사과가 떨어지는 것과 같은 원리라고 표현하기도 합니다.

중력을 통해 뉴턴은 아리스토텔레스가 세계 전체를 천상계와 지상계로 나누었던 구분을 없애 버렸습니다. 이제 우주는 하나입니다. 사실 천동설과 지동설은 영어로 각각 'Geocentrism', 'Heliocentrism'이라고 합니다. 지구중심설, 태양중심설 정도로 해석되겠죠. 즉 우주의 중심이 어디인가를 가지고 논쟁했던 것입니다. 지구중심설에서 태양중심설로 옮겨지는 것은 한편으로 인간이 사는 지구가 우주의 한 부분임을 이해하고 받아들인다는 의미입니다. 우리는 흔히 지구를 떠나 우주로 나간다는 표현을 쓰지만 사실 이 표현은 잘못된 것입니다. 우리 중 누구도 내 방을 떠나 우리 집으로 간다고는 말하지 않죠. 내 방을 떠나 부엌으로 간다거나 내 방에서 거실로 나간다고 말하면 모를까. 마찬가지로 지구도 우주의 한 부분이라면 지구를 떠나 달로 간다든지 우리 태양계를 떠나 인터스텔라로 간다는 표현을 써야 맞는 것이겠죠. 하지만 아직도 지구를 떠나 우주로 간다는 표현이 별 거슬림 없이 쓰이는 이유는 우리가 아직도 지구중심주의, 인간중심주의에서 벗어나고 있지 못하다는 한 반증이기도 합니다.

그리고 이제 역학 혁명이 일어납니다. 갈릴레이 이전의 역학 역시 아리스토텔레스의 역학이었습니다. 아리스토텔레스는 지상계는 물, 불, 흙, 공기 네 개의 원소로 이루어졌다고 생각했습니다. 그래서 무거운 속성을 가지고 있는 물과 흙이 많은 물체는 지구의 중심인 아래로 떨어지는 운동을 하는 것이 자연스럽고, 불이나 공기 같은 가벼운 속성을 가진 물체는 위로 올라가려는 운동을 하는 것이 자연스럽다고 주장합니다. 그러면서 무거운 물체일수록 빨리 떨어지고 가벼운 물체는 상대적으로 늦게 떨어진다고도 말합니다. 반면 에테르라는 완전한 원소로 이루어진 천상계에서는 원운동만이 존재한다고 생각했습니다. 그래서 별과 달, 태양 등은 모두 지구를 중심으로 원운동을 한다고 생각했죠. 나머지 외부의 힘에 의해 이루어지는 모든 운동은 부자연스러운 운동이라고 생각했습니다. 그래서 외부의 힘이 작용하지 않는 경우 이런 운동을 하는 물체는 즉각 정지한다고 주장했죠. 이를 처음으로 부정한 것은 갈릴레이였습니다. 이를 증명하기 위해 그가 행했다고 알려진 피사의 사탑 실험이라는 게 있으나 실제로 갈릴레이가 한 실험은 다른 것이었습니다. 그는 물체가 아래로 떨어지는 것을 방해하는 것은 공기의 저항력이라고 생각했습니다. 만약 저항력이 없다면 모든 물체는 같은 빠르기로 떨어질 것이라고 생각했죠. 그러나 당시는 진공을 만들 수 없으니 머릿속으로만 실험을 하는 사고실험을 통해 이를 주장했습니다.

또 갈릴레이는 관성이라는 개념을 도입합니다. 이를 통해 어떤 물체든 외부의 힘이 작용하지 않으면 원래의 운동을 계속할 것이라고 생각했죠. 갈릴레이의 사고실험은 그림과 같습니다. 처음 A에 놓인 공은 아래로 내려가다 다시 B로 올라갑니다. 빗면을 좀 더 옆으로 기울이면 차례로 C, D로 올라갑니다. 물론 마찰력이 없어야 가능한 일입니다. 그래서 실제 실험으로는 저런 결과가 나오지 않고 사고실

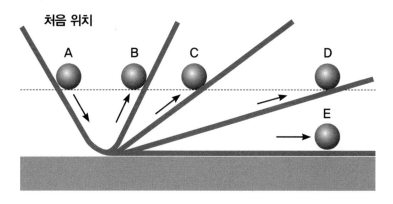

처음 위치

A B C D

E

❖ ― 갈릴레이의 관성운동 사고실험

험으로만 가능한 일이죠. 어찌 되었건 E처럼 올라오지 않고 옆으로
만 계속 간다면 어떻게 될까요? 처음 A에 놓였던 물체는 계속 같은
속도로 갈 수밖에 없다는 결론이 나옵니다.

　사실 갈릴레이는 관성운동은 원운동이라고 생각했습니다. 지구
가 워낙 크다 보니 지구 위의 한 점에서 다른 한 점으로 가는 게 사
실은 곡선을 그리는 건데 아주 좁은 범위에서 보면 원운동처럼 보이
지 않고 직선운동처럼 보인다는 게 갈릴레이의 주장이었죠. 갈릴레
이가 이렇게 주장한 이유는 하늘의 별들도 관성에 의해 원운동을 하
고, 달도 원운동을 하고, 지상에서도 마찬가지라고 생각했기 때문입
니다. 결국 갈릴레이는 지동설을 주장하기 위해서 지구도 우주의 일
부이니 우주에서의 자연스런 운동인 원운동이 지상에서도 일어난다
는 주장을 하고 싶었던 거죠. 그리고 태양을 중심으로 한 원운동이
자연스런 관성에 의한 것이라는 이야기도 하고 싶었을 겁니다. 그리

고 바로 데카르트가 이 관성운동이 원운동이 아닌 직선운동이라고 이야기합니다. 우리가 아는 관성운동에 한 발 더 다가선 것이죠. 데카르트는 이 외에도 행성들이 태양 주위를 도는 이유를 태양에서부터 나오는 원심력에 의한 것이라는 주장도 합니다.

그리고 드디어 뉴턴이 이 상황을 정리합니다. 중학교 때 배우는 힘과 가속도의 법칙 그리고 관성의 법칙, 마지막으로 작용과 반작용의 법칙입니다. 이 세 가지 간단한 법칙은 단 하나의 원리에 서 있습니다. 바로 물체의 속력이 변하는 것은 물체의 질량에 반비례하고 물체에 가해진 힘에 비례한다는 것이죠. 아리스토텔레스의 역학은 이제 완전히 뉴턴 역학으로 대체됩니다.

아리스토텔레스를 뛰어넘어

이렇게 과학혁명이 진행되는 과정에서 과학혁명의 기초가 되는 방법론이 바뀌게 됩니다. 앞서 천문학도 역학도 아리스토텔레스가 가지고 있던 생각이 변화되는 과정이었던 것처럼 과학과 철학도 마찬가지였습니다. 아리스토텔레스가 가지고 있던 과학관을 타파하고, 새로운 세계관을 만들어 내는 데 중심에 선 두 사람이 바로 영국의 프랜시스 베이컨과 앞서 잠시 언급한 데카르트입니다.

베이컨은 시장의 우상, 동굴의 우상, 군중의 우상, 극장의 우상으로 알려진 네 가지 우상론으로 유명하죠. 하지만 무엇보다도 베이컨은 실제로 경험하지 않은 것은 이야기하지 말자, 즉 우리가 경험하고, 확인하고, 실험한 사실로부터 과학을 해야 한다고 주장한 영국 경험론의 비조로 유명합니다. 이전까지, 즉 아리스토텔레스 시기에는 실험은 중요하지 않다고 생각했습니다. 자연스런 상태에서 관찰하는 것이 중요하지 이것저것 다 빼고 일정한 조건을 만들어서 실험하면 그것으로 어떻게 자연의 본질을 파악할 수 있겠느냐는 것이었죠. 실제로 베이컨 이전에 과학자라고 불리던 대다수의 사람들은 실험을 하지 않았습니다. 그래서 물리학자들은 앞서 사고실험을 한 갈릴레이와 같은 과학자를 근대적 물리학을 시작한 사람이라고 얘기합니다.

노붐 오르가눔Novum Organum은 라틴어로 새로운 논리학이라는 뜻인데, 아리스토텔레스가 쓴 오르가눔이라는 책을 비판하기 위해 베이컨이 쓴 책의 제목이기도 합니다. 어쨌건 베이컨의 가장 중요한 업적은 실험하고 경험한 것을 바탕으로 과학을 하자고 주장한 것이었고, 두 번째로는 과학자들 간의 협력을 중요시 여겨 이후 과학자들이 단체를 만들고, 공동 연구를 하게 되는 중요한 계기를 만들었다는 것입니다.

프랑스의 수학자이자 철학자인 데카르트는 끊임없는 회의를 품고 모든 것을 의심하라고 주장합니다. 아무리 똑똑한 사람의 말도, 신의 뜻도, 성경도, 그리고 아리스토텔레스도 플라톤도 모두 의심하고, 직접 확인한 것만 믿으라는 주장을 통해 과학적 회의주의를 시작한 사람으로 유명합니다. 또 데카르트는 기계론적 세계관을 가지

❖ — 프랜시스 베이컨의 『노붐 오르가눔』 표지

고 있었는데, 간단히 말하면 물질을 정신과 분리된 하나의 기계로 여겨 동물도 기계라고 생각했습니다. 겉으로는 모두 달라 보이는 시계도 내부를 뜯어 보면 여러 가지 톱니가 맞물려 움직이는 원리이듯이 동물도 마찬가지로 겉모습은 모두 다르지만 내부에 있는 기계적 장치들에 의해 움직인다는 논리였죠. 기계가 움직이는 원리만 파악할 수 있다면 신이 만들어 놓은 세상이라 할지라도 인간이 모든 것을 파악할 수 있다는 혁신적인 주장이었습니다. 당시 두 사람의 주장은 큰 호응을 얻었고 뒤이어 새로운 과학자들이 속속 등장하게 됩니다.

그러면서 화학도 'Alchemy'에서 'Chemistry'로 자기의 이름을 가지게 됩니다. Alchemy는 연금술이라는 뜻으로 중세 시대에 연금술사들이 납이나 구리 같은 값싼 물질로 금을 만드는 기술이었는데 실제로 납을 가지고 황금을 만들지는 못했지만, 그 과정에서 여러 가지 다양한 화학적 발견들을 하게 됩니다. 우리가 잘 알고 있는 황산, 염산 등과 알칼리의 개념도 연금술사들이 처음으로 확립했고, 정량 분석도 이들에 의해 시작되었습니다. 이러한 연금술적 시도들이 화학을 탄생하게 한 것이죠.

보일의 법칙으로 유명한 영국의 화학자 보일은 근대 최초로 세상 만물은 원자로 이루어져 있다고 주장합니다. 그리스의 데모크리토스 이후 누구도 이런 주장을 한 적이 없다가 보일이 다시 원자론을 주장하며 그 근거로 진공을 증명합니다. 고대 탈레스는 만물의 근원을 물이라 했고, 엠페도클레스는 물, 불, 흙, 공기, 데모크리토스는 원자라고 이야기했습니다. 그리고 아리스토텔레스는 물질은 쪼개고 쪼개도 한정 없이 쪼개진다는 연속론을 이야기했고, 데모크리토스는 더 이상 쪼개지지 않는 원자가 있다고 했습니다. 그래서 데모크리토스는 입자와 입자 사이는 텅 빈 공간이라고 주장을 했는데, 아리스토텔레스는 진공은 없다고 했죠. 당연히 2000년 동안 유럽에서는 진공은 없다고 생각했습니다. 바로 그 진공이 있다는 걸 증명해 낸 사람이 보일입니다. 이 분야에서도 마찬가지로 아리스토텔레스의 생각이 깨지기 시작하는 거죠.

그리고 이 생각을 키워서 돌턴이 원자론을 주장합니다. 원자란 만들어지지도 사라지지도 변하지도 않으며, 같은 종류의 원자는 질량과 부피가 같고, 원자들끼리는 일정한 비율로 결합한다는 등의 내용입니다. 이를 기초로 프랑스의 화학자인 라부아지에가 33가지 원소 기호를 발표하는데 물론 그중에는 지금 현재 원소로 생각하지 않는 것들도 있습니다. 불이나 산화알루미늄 같은 것들인데 당시 시대와 기술의 한계였겠죠. 중요한 건 라부아지에가 물을 분해해서 산소와 수소를 얻는데 이것이 왜 중요하냐면, 앞서 아리스토텔레스가 주장한 세상 만물을 이루는 원소가 물, 불, 흙, 공기였기 때문에 물은 분해할 수가 없는 것이었죠? 그런데 라부아지에가 물을 분해해버리면서 4대 원소설도 깨지게 됩니다. 라부아지에는 또한 앞서 이야기한 정량적 방법에 의한 연구 방법론을 만들고 화학 교과서도 집필하였습니다. 그래서 흔히 라부아지에를 근대 화학의 아버지라고 부릅니다.

우리가 보통 과학하면 물리학, 화학, 생물학, 지구학으로 나누지만 사실 지구과학의 위치는 좀 애매합니다. 지구과학이라는 학문이 있다기보다 기상학, 천문학, 지질학, 지리학, 해양학, 화산학 등을 모두 묶어서 지구에서 일어나는 현상을 연구한다는 의미로 지구과학이라고 부르는데, 사실은 지구과학이라는 학문은 없었습니다. 물론 지금은 지구시스템과학이라는 학문이 있습니다. 기후와 해양지각이 모두 서로 상호작용을 하니 이를 통합적으로 바라보는 학문이 필요한 거죠. 생물학 역시 18세기까지도 없었던 학문입니다. 원래 식물학과 동물학이 있었는데 식물학도 약학으로부터 시작이 되었죠.

흔히 한의원에 있는 약재들을 동물성, 광물성, 식물성으로 나누는데 실제로 광물성 약재는 거의 없고, 동물성 약재로는 녹용, 웅담 등이 있습니다. 그런데 이 동물성 약재 대부분은 아플 때 먹는 약이 아니라, 한의사들의 말을 빌리면 기운이 허한 걸 보호하기 위해 먹는 약이고, 실제로 치료를 하기 위해서 쓰는 건 대부분 식물성 약재들입니다. 이건 동양이나 서양이나 똑같습니다. 그렇다면 식물성 약재들을 주로 쓰는 이유는 무엇일까요? 외부에서 우리 몸속으로 세균 등의 나쁜 병원균이 들어오면 백혈구가 와서 이 균들을 잡아먹습니다. 그리고 더 잡아먹기 쉽도록 항체를 만들어 내죠. 즉 순환계가 있기 때문에 피가 도는 과정에서 백혈구와 항체 등이 외부에서 공격하는 균을 막는 역할을 한다는 것이죠. 그런데 식물은 이러한 순환계가 없기 때문에 세균이 들어오면 세균을 죽이는 성분을 만들어 내고, 곰팡이가 들어오면 곰팡이를 죽이는 성분을 개발하고, 바이러스가 들어오면 바이러스를 죽이는 물질을 만드는데, 이런 물질을 우리 인간이 가져다 쓰는 것입니다. 예를 들면 우리가 진통제로 쓰는 아스피린 같은 경우는 버드나무 잎에서 나오고, 무좀균을 죽이는 약도 식물로부터 채취를 합니다. 이런 식으로 식물에 대한 연구는 약학으로부터 시작됩니다. 그리고 농작물의 품종을 개량하거나 새로운 품종을 만들어 내는 이론과 방법을 연구하는 육종학이 하나의 학문으로 정립됩니다. 여기에 정원학까지 더해 약학, 육종학, 정원학 등이 모여 18세기에 식물학이 만들어지게 됩니다.

　　동물학 또한 따로 없다가, 대항해 시대가 열리면서 유럽인들이 세계 각 대륙에 도착해 보니 저마다 다양한 생물들이 살고 있었습니다. 오스트레일리아에 갔더니 주머니 달린 동물들이 살고 있고, 남아프리카에 갔더니 거기는 또 이상한 원숭이들이 살고 있고. 그렇게 새로운 동물들을 연구하기 시작하면서 동물학이라는 새로운 학문이 만들어집니다. 오래전에는 동물과 식물을 전혀 다른 차원이라고 생각했는데 17~18세기가 되면서 현미경이 발명되고, 그 현미경으로 살펴봤더니 식물이든 동물이든 모두 세포로 이루어져 있다는 사실을 발견하게 됩니다. 그러면서 드디어 동물과 식물을 합해서 생물학이라는 학문이 형성됩니다.

진화론에 기댄 제국주의 이데올로기

이렇게 생물학과 지질학, 지리학 등 세부 학문으로 과학이 발전하던 시기인 19세기는 서유럽이 전 세계를 식민지로 삼았던 시기이기도 합니다. 이들의 식민지 경영이 이들 학문의 발전에도 큰 기여를 합니다. 영국과 프랑스를 중심으로 한 제국주의 국가들이 식민지로부터 다이아몬드와 차, 커피, 금 등을 캐 가기 위해서는 그곳의 지리를 잘 알아야 할 필요가 있었죠. 그래서 지리학이 발달합니다. 그다음 제국과 식민지 사이에 의사소통이 잘 되려면 서로 깨어 있는 시간과 자는 시간이 언제인지, 거리가 얼마나 떨어져 있는지도 확인해야겠죠. 그래서 표준이라는 걸 정하게 됩니다. 즉 1미터를 얼마큼의 거리로 할 것인지, 1초를 어느 정도의 시간으로 할 것인지, 1킬로그램은 어느 정도 무게로 할 것인지 등을 정한 게 바로 제국주의 시대였습니다.

또 식민지에서 캐낸 것들을 본국으로 안전하게 가지고 가려니 배가 중요한 운송 수단으로 부상하게 됩니다. 그래서 물류 혁명을 기초로 하는 기술 개발이 시작됩니다. 그런데 식민지에 사람을 파견했더니 이상한 병에 걸려서 자꾸만 죽는 일이 발생했습니다. 바로 말라리아 같은 풍토병이었습니다. 그래서 식민지의 풍토병 연구를 시작으로 의학도 빠른 속도로 발달하게 됩니다. 지금도 영국 런던에는 200년 넘는 역사를 가진 열대의학 연구소가 따로 있습니다. 열대 지역도 아닌 영국에 말이죠. 당시 열대에서 발생하는 다양한 질병들을 연구해서 식민지를 제대로 약탈하려던 흔적이었죠.

제국주의는 박물학博物學을 발달시키는 계기가 되기도 하였는데, 박물학은 지리와 지질, 해양학, 동물과 식물, 광물 등을 포괄적으로 다루는 학문 분야입니다. 이 박물학이 분화되기 시작해서 지리학으로, 지질학으로, 광물학, 식물학, 동물학 등으로 나뉘게 되는 거죠. 박물학이 형성되고 분화되어 지리학, 지질학, 광물학이 나오는 과정이 18~19세기에 모두 이루어지는 셈인데 실제로 지리학이라는 학문이 처음 학문으로 인정받게 된 건 19세기 중반 독일이 처음이었습니다. 독일은 프랑스나 영국과는 달리 도시 국가 등으로 흩어져 있다가 프로이센에 의해 19세기에 통일이 됐는데, 통일된 독일 민족 전체를 하나의 이데올로기로 묶으려다 보니 지리학이 필요하게 되었던 것입니다. 그래서 대학마다 강제적으로 지리학과를 만들어 독일이라는 영토 전체가 하나의 나라가 될 수밖에 없는 근거를 만들고 주입하게 됩니다.

바로 '레벤스라움Lebensraum'이라는 용어가 그것인데, 원래는 서식지를 뜻하는 생물학 용어였으나 독일에서 발달한 지리학은 이 용어를 독일인이 공동체를 이루며 살아갈 지역으로 확장합니다. 그리고 이 용어가 지칭하는 지역은 독일뿐 아니라 폴란드나 우크라이나 등 동유럽을 포괄하였습니다. 이를 토대로 독일은 제1차 세계대전과 제2차 세계대전을 일으킵니다. 지금도 레벤스라움은 따로 번역하지 않고 원어를 그대로 쓰는데 이는 독일 나치즘에 대한 기억을 명확히 하기 위한 것이기도 합니다.

지질학의 발달 또한 19세기 과학의 발달에서 빼놓을 수 없는 지점입니다. 17세기경 싹트기 시작한 지질학은 처음에는 암석의 기원이 퇴적에 의한 것이냐 아니면 용암이 굳어서 된 것이냐를 가지고 겨루던 수성론과 화성론에서 시작합니다. 이 논쟁은 뒤이어 동일과 정설과 격변론으로 이어지죠. 이는 한편으로 지질학이 신학에서 과학으로 넘어오는 과정이기도 했습니다. 당시 신학자들은 성서를 토대로 지구의 역사가 불과 몇천 년에 불과하다고 주장했습니다. 그러나 암석과 지층을 살펴보면서 이러한 주장에 의문을 가졌던 과학자들은 저마다 지구의 생성과 변화가 어떻게 이루어졌을까를 연구하면서 다양한 주장을 내놓았는데 그 결과가 수성론과 화성론이었습니다. 물론 당시에도 퇴적되어 만들어지는 암석이 있다는 걸 모르는 건 아니었습니다. 그러나 암석 중 일정한 모양의 결정을 가진 암석의 유래에 대해선 그 기원을 서로 달리 주장했던 것이죠.

수성론을 주장하는 이들은 화산이 지구 전체에 골고루 있는 것도 아니고 그 수가 많은 것도 아닌데 지층 어디나 분포하고 있는 결정질 암석이 화산 활동에 의해서 만들어진다는 게 말이 되느냐는 주장이었습니다. 화성론의 주장이 맞다면 그런 화산 활동이 일어난 뒤 다시 퇴적이 된 지층이 그 위에 쌓였다는 말인데 그러려면 엄청난 시간이 필요한 만큼 지구의 나이가 그 정도로 많지 않을 것이라고 생각한 거죠. 반면 화성론을 주장한 이들은 지금은 화산 활동이 없는 지역에서도 과거 화산 활동의 흔적이 있는 점을 들어 반박했습니다. 그리고 지구의 나이도 수성론자들의 생각보다 훨씬 많다고 생각했죠.

이런 두 진영 간의 논쟁은 이후 영국의 지질학자 라이엘Charles Lyell을 대표로 하는 동일과정설과 프랑스의 고생물학자 퀴비에 Georges Cuvier를 대표로 하는 격변론으로 이어집니다. 우리가 교과서에서 배우는 동일과정설을 지질학의 기본 원리로 정착시킨 이가 바로 라이엘입니다. 그는 지금 우리가 목격하는 다양한 현상, 즉 돌이 깎여 나가 강물을 타고 흘러 강 하구나 해안에 쌓이는 일들이 이전에도 동일하게 일어났다고 주장하고, 현재 쌓인 지층이 바로 그 결과물이라고 이야기합니다. 그에 반해 격변론은 몇 차례의 홍수와 대규모 지각변동에 의해 현재의 모습이 이루어졌다고 주장하죠. 격변론을 주장하는 사람들은 동일과정설을 통해 현재와 같은 지구 모습

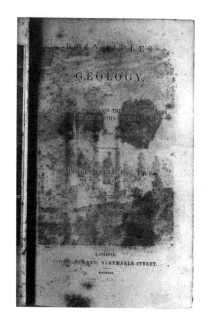

❖ ─ 찰스 라이엘이 쓴 『지질학 원리』

을 갖추려면 최소한 몇억 년의 시간이 흘러야 하는데 지구의 나이가 그 정도일 수 없다고 생각했던 겁니다. 결국 다양한 증거를 통해 동일과정설이 더 정확한 것으로 인정을 받게 됩니다.

라이엘이 동일과정설을 주장했던 『지질학 원리』는 다윈이 비글호를 타고 아메리카 대륙으로 탐험을 떠날 때 가지고 간 유일한 책으로도 잘 알려져 있습니다. 다윈의 진화론은 한편으로 라이엘의 동일과정설에, 또 다른 한편으로는 멜서스Thomas Robert Malthus의 『인구론』에 많은 영향을 받았습니다. 진화론 자체는 다윈 이전에도 많은 지지를 받진 못했지만 지속적으로 주장되었습니다. 고대 그리스에도 진화론을 주장했던 자연철학자가 있었고 이후 그리스의 자연관을 이어받은 이슬람에도 있었습니다. 다윈의 할아버지 에라스뮈스 다윈도 진화론을 주장했고 프랑스의 박물학자이자 계몽사상가인 뷔퐁과 생물학자 라마르크도 진화론을 주장했습니다. 하지만 우리가 다윈이 진정한 의미의 진화론을 주장했다고 이야기하는 이유는 그가 진화의 이유를 정확히 파악했기 때문입니다.

다윈은 같은 종이라도 조금씩 다른 변이를 가진 다양한 개체들이 있다는 사실에 주목했습니다. 그리고 그 변이 중 어떤 것은 그 종이 처한 환경에 유리한 경우가 있고 그렇지 못한 경우가 있다는 사실도 밝혀냈죠. 당연히 유리한 변이를 가진 개체는 살아남아 자손을 더 많이 퍼트릴 확률이 높습니다. 그래서 불리한 변이를 가진 개체는 점점 줄어들고 유리한 변이를 가진 개체들이 늘어나는 것이 바로 진화의 기본 동력이라고 주장합니다. 초기 다윈의 주장은 격렬한 사회적 반대에 부딪혔지만 생물학을 전문적으로 연구하는 과학자들 사이에서는 광범위하게 받아들여졌습니다. 물론 당시 생물학의 수준이 아직 진화론을 완전히 증명할 수 있을 정도로 발달하지 못했기 때문에 그에 대한 비판이 없었던 것은 아닙니다. 이런 비판은 멘델이 발견한 유전의 법칙과 드 브리스가 발견한 돌연변이 현상, 그리고 집단생물학과 DNA의 발견 등 19세기 말에서 20세기에 이어진 연구를 통해 극복되고 현재 진화론은 마치 만유인력의 법칙과도 같은 위치를 획득하게 됩니다.

그런데 19세기 말에 이 진화론이 의도적으로 왜곡되는 현상이 일어납니다. 제국주의자들이 자신들의 식민지 지배 논리를 정당화

하는 데 쓰이게 된 것입니다. 대표적인 것이 사회진화론인데, 영어로는 'Social Darwinism'이라고 표기합니다. 다윈의 이름이 들어가 있죠. 마치 사회진화론이 다윈으로부터 영향을 받은 결과인 것처럼 다윈의 이름을 가져다 붙였지만 사실 1859년 다윈의『종의 기원』이 나오기 전부터 이미 사회진화론적인 주장들은 제기되어 왔습니다.

사회진화론은 생물의 세계가 약육강식의 법칙을 따르는 것처럼 인간 사회도 약육강식의 원리에 따라 이루어진다고 이야기합니다. 따라서 강한 자가 지배하고 약한 자가 지배받는 것은 당연한 이치라고 주장하죠. 이런 주장을 바탕으로 당시 약자인 장애인, 성소수자, 집시나 유대인 등 자국 내의 소수 민족에 대한 탄압에 정당성을 부여했으며, 동시에 있지도 않은 인종을 들먹이며 백인에 의한 황인종과 흑인종의 지배가 자연스러운 일인 것처럼 포장을 하게 됩니다. 이 사회진화론이 일제 강점기 우리나라에도 영향을 미치죠. 우리가 잘 알고 있는『무정』을 쓴 소설가 이광수, 독립선언문을 작성했던 최남선 같은 인물들도 처음에는 극일을 주장한 계몽주의자들이었습니다. 그러던 이들이 친일로 돌아선 것도 바로 이 사회진화론에 입각한 사고 때문이었습니다. 처음에는 우리나라가 일본의 식민지가 된 건 일본보다 열등해서이기 때문에 열심히 계몽을 해서 깨우치면 일본과 대등해져 독립을 할 수 있을 거라고 생각을 했죠. 그렇게 열심히 계몽운동을 하고 독립운동을 하는데 아무리 해도 일본을 따라갈 수가 없자 우리나라가 열등한 게 맞으니 일본의 지배를 받는 게 맞다는 생각을 하게 된 겁니다. 이는 우리나라만이 아니라 전 세계의

❖ ― 한 발은 아프리카 대륙 북쪽 이집트의 카이로를 밟고, 다른 쪽 발은 남아프리카공화국의 케이프타운을 밟고 있는 유럽 제국주의자의 모습이다.

수많은 식민지 국가 내에서 독립운동을 하던 이들이 모두 겪는 갈등이었습니다.

사실을 말하자면 진화론에는 약육강식이란 개념은 아예 없습니다. 다윈도 그 어떤 진화론자도 약육강식이란 표현을 쓴 적이 없습니다. 자연에는 그런 현상이 없기 때문입니다. 예를 들어 아프리카의 초원에 사는 사자와 코끼리가 일대일로 싸우면 누가 이길까요? 당연히 코끼리가 이깁니다. 그뿐 아니라 코뿔소, 기린, 아프리카 야생 들소도 일대일로 싸워 사자에게 지는 경우는 거의 없고 대부분 이깁니다. 그런데 왜 코끼리, 코뿔소, 기린, 들소는 사자를 잡아먹지 않을까요? 이유는 이들이 초식동물이기 때문입니다. 생태계에서 이들의 역할은 풀을 먹는 것이지 사자를 먹는 것이 아니기 때문입니다. 반대로 사자는 건강한 대형 초식동물 대신 갓 태어난 약한 새끼나 늙거나 병든 개체를 잡아먹죠. 이렇게 생물의 세계는 약육강식이 아니라 각자 생태계에서 차지한 자신의 역할에 따라 돌아갑니다. 더구나 사자가 힘이 세다고 해서 다른 동물들이 먹이를 바치는 일도 없죠. 약육강식이 진화론에 따른 것이라는 말은 완전히 거짓말입니다.

그리고 사회진화론에 의한 제국주의적 이데올로기와 함께 골상학과 우생학이 등장하기에 이릅니다. 골상학은 두개골의 모양으로 사람의 지능과 성격, 운명 등을 판단하는 학문으로, 골상학에 따르면 가장 월등한 인종은 백인, 그다음 라틴계 백인, 다음으로 동양인과 흑인 순이었습니다. 이를 통해 흑인이 왜 백인의 지배를 받아야만 하는가에 대한 억지 논리를 만들어 냈던 것이죠. 우생학은 여기서 좀 더 나갑니다. 유전 법칙을 응용해서 인간 종족을 개선해야 한다는 주장을 했는데, 쉽게 말하면 똑똑하고 멋있는 사람들만 자식을 낳아야 하고, 그렇지 못한 사람들은 대를 끊어야 한다는 주장이었습니다. 그래서 실제로 20세기 말까지 국가가 정신질환자나 간질환자, 사회적으로 문제가 있는 사람들, 극빈자들을 데려다가 강제로 불임을 시키는 일들이 벌어지기도 했죠. 특히 유럽에서 이런 일들이 벌어지는데 이 우생학의 끝을 보여 준 것이 바로 나치입니다. 나치는 이 우생학에 입각하여 열등한 민족인 유대인과 집시, 동성애자, 정신질환자는 모두 말살시켜야 한다고 생각했죠. 그래서 아우슈비츠의 비극이 만들어진 것입니다. 그러나 사실 이 모든 것은 진화론과는 아무런 관계도 없는 인간의 어리석음과 광기의 산물일 뿐이었습니다.

양자역학과 상대성이론으로 움직이는 세상

19세기 말 과학혁명이 끝나고 이제 세상 사람들은 인간이 세상의 모든 일을 다 알고 있다고 생각하기에 이릅니다. 영국의 유명한 물리학자인 켈빈이라는 사람은 "불행하게도 앞으로의 세대는 물리학을 연구할 일이 없을 것이다. 이제 사소한 몇 가지만 처리하면 물리학은 더 이상 밝혀낼 게 없다"고까지 이야기합니다. 그러면서 대학생들에게 물리학 말고 다른 학문을 공부하라고 말하죠. 그런데 바로 그때 기존의 물리학을 완전히 뒤엎는 새로운 물리학이 시작됩니다. 양자역학과 상대성이론이 그것입니다.

1905년 아인슈타인은 세 편의 논문을 발표하는데, 사실은 이 세 편 각각의 논문으로 노벨상을 받아도 부족하지 않을 정도였습니다. 첫 번째 논문은 광전효과에 관한 것입니다. 간단히 설명하자면, 금속 표면에 빛을 쪼여 주면 이 빛 에너지를 받은 전자가 튀어나오는데 빛의 밝기에 따라 튀어나오는 전자의 개수가 달라집니다. 그런데 이번에는 똑같은 빛을 한 번은 파란색을, 한 번은 빨간색을 비추면 전자의 개수는 똑같은데 튀어나오는 전자가 가지고 있는 운동에너지가 달라집니다. 이전까지는 빛은 파동이라고 생각했기 때문에 이 결과가 이해가 되지 않았죠. 파동은 두 가지 형태의 에너지를 가지고 있는데 하나는 진폭이고 하나는 진동수입니다. 진폭이 증가하면서 에너지가 커지고 진동수가 증가하면서 또 에너지가 커지죠. 그런데 밝기 변화는 진폭의 변화로 나타나고, 색의 변화는 진동수의 변화로 나타납니다. 빨간색보다는 파란색이 에너지가 크고, 밝은 빛이 어두운 빛보다 에너지가 크죠. 그런데 이 두 빛을 쐈는데 왜 밝기가 변하면 전자의 개수가 변하고, 진동수가 변하면 전자 한 개가 가지고 있는 운동에너지가 변하는가를 파동이론으로는 도저히 설명할 수가 없었던 겁니다. 그런데 아인슈타인이 광전효과로 이것을 설명합니다. 양자역학 탄생의 한 계기가 이렇게 나타납니다.

다음으로 아인슈타인은 브라운 운동을 규명합니다. 브라운 운동이란 현미경으로 관찰해 보면 물 위에 꽃가루처럼 아주 작은 입자를 떨어뜨렸을 때 이 입자들이 물 표면에서 자유롭게 마구 움직이는 것을 볼 수 있는데, 물의 표면이 출렁거리지 않게, 바람의 영향을 받지 않은 상태에서 관찰을 하는데도 입자가 제멋대로 움직인다는 거죠. 이 이유를 아인슈타인은 물 분자들이 이 작은 꽃가루 같은 입자를 두들겨 패면서 움직이게 하는 것이라고 밝혀냈는데 이것이 왜 중요한 의미를 갖느냐 하면 이때까지만 해도 그 크기가 너무 작아 현미경으로도 찾아낼 수 없었던 원자의 존재에 대한 확실한 증거를 마련했기 때문입니다.

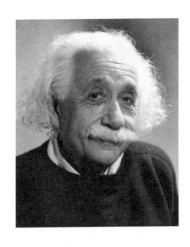

❖ — 말년의 알베르트 아인슈타인

그리고 바로 그 유명한 상대성이론입니다. 앞서 빛은 입자인 동시에 파동이라고 했는데 파동은 매질을 필요로 합니다. 매질은 파동을 한곳에서 다른 곳으로 옮겨 주는 매개물이죠. 그렇다면 태양에서 지구로 오는 빛도 매질을 필요로 하겠죠? 그 매질을 에테르라고 하는데 우주선이 없었던 당시에는 이 에테르의 존재를 확인할 길이 없었습니다. 그래서 다양한 연구가 이루어지는데 우리가 배운 상대 속도에 따르면 빛도 지구가 공전하는 방향에서 오는 것과 공전 방향과 수직으로 오는 것이 서로 속도가 조금 달라야 하는데 실험해 보니 둘의 속도가 똑같더라는 거죠. 에테르의 존재를 증명하려던 실험이 어이없게도 에테르의 존재를 의미 없게 만드는 결과를 보였으니 물리학자들은 고민에 빠지게 되었습니다. 이 고민을 해결한 것이 바로 특수상대성이론입니다. 이로 인해 뉴턴의 고전 역학의 시대가 막을 내리고 특수상대성이론의 시대가 열립니다.

특수상대성이론은 앞에서 이야기한 뉴턴의 역학 법칙 세 개, 즉 힘과 가속도의 법칙, 관성의 법칙, 작용 – 반작용의 법칙 앞에, 기본 전제로 '일정한 속도로 움직이는 사람이든 아니면 정지한 사람이든 모든 관찰자에게 빛의 속도는 항상 일정하다'는 선언을 붙입니다. 이로부터 역학은 완전히 달라졌습니다. 한 사람에게 동시에 일어난 것으로 보이는 두 사건이 다른 속도로 움직이는 사람에게는 동시가 아닌 순차적으로 일어난 사건이 됩니다. 속도가 빨라지면 시간이 느리게 가고 질량이 커집니다. 이제 세계는 더 이상 뉴턴의 시대, 그 단순한 아름다움으로 돌아갈 수 없게 되었습니다. 빛은 (정지)질량이 없음으로 해서 이 우주에서 가장 특별한 존재가 되었습니다.

이 특수상대성이론으로부터 약 10년 뒤에 일반상대성이론이 발표됩니다. 특수상대성이론이 정지했거나 일정한 속도와 방향으로 움직이는 관찰자에 대해서만 이야기하는 이론이라면, 일반상대성 이론은 속도가 변하는 운동을 하는, 즉 정말로 모든 물체와 관찰자에 대한 이론입니다. 그리고 일반상대성이론은 뉴턴의 역학법칙만이 아니라 중력에 관한 법칙마저 완전히 바꾸게 되죠. 뉴턴의 중력은 두 물체가 존재하는 즉시 작용하는 힘이었습니다. 그러나 아인슈타인의 중력은 빛의 속도로 전달됩니다. 대단히 빠른 속도지만 즉시는 아닙니다. 태양의 중력이 지구에 작용하기까지는 8분 정도가 걸리고 저 멀리 명왕성에 작용하기까지는 6시간이 넘게 걸립니다. 우리가 사는 우주는 빛의 속도로도 백억 년을 넘게 가야 닿을 수 있는 곳이 부지기수입니다. 따라서 우주에서의 중력은 항상 거리만큼의 시차를 두고 작용하게 됩니다. 또 일반상대성이론에서는 우주의 시공간이 물질-에너지와 상호작용을 합니다. 물질은 공간을 휘게 만들고, 반대로 휜 공간은 물질의 이동 방향을 정하는 식이죠. 일반상대성이론을 통해 우리는 시간과 공간이 단지 개념이 아니라 실재이며 물질이 단순히 존재하는 곳이 아니라 상호작용하는 존재라는 걸 알게 되었습니다.

이름만 들으면 실생활과 아무런 상관없는 어려운 이론 같지만 사실 일반상대성이론을 계산하지 않으면 GPS가 제대로 작동하지 않아 휴대전화의 맵으로 내 위치를 확인하거나 어딘가를 찾아가는 일이 불가능합니다. GPS는 우주 공간에 떠 있는 인공위성을 통해서 우리 위치를 확인하는데, 지구 표면보다 중력이 작은 곳에서 매우 빠른 속도로 움직이는 인공위성에서는 상대성이론에 따라 시간 지연 현상이 일어나기 때문에 이를 교정해 주지 않으면 우리의 위치를 제대로 파악할 수가 없게 됩니다. 또 21세기 들어 처음으로 파악하게 된 중력파는 일반상대성이론에 의한 것으로 기존의 광학망원경과 전파망원경, X선 망원경 외에 새로운 관측 수단으로 중력파를 이용할 수 있다는 기대를 갖게 합니다.

마지막으로 양자역학입니다. 앞서 1905년 아인슈타인이 광전효과를 통해 양자역학으로 가는 한 다리를 놓았다고 이야기했습니다. 비슷한 시기 독일의 막스 플랑크는 흑체 복사를 연구하던 중 에너지가 일종의 덩어리로 움직인다는 사실을 발견합니다. 그리고 덴마크의 닐스 보어는 수소의 원자 모형을 연구하던 중 막스 플랑크의 연

❖ — 독일의 물리학자 베르너 하이젠베
르크Werner Karl Heisenberg

구와 아인슈타인의 광전효과에 영향을 받아 새로운 수소 원자 모형
을 제시하죠. 그리고 프랑스의 물리학자인 드브로이는 빛이 파동이
면서 동시에 입자라면 물질도 파동을 가질 수 있지 않을까 하는 생
각을 하게 됩니다. 그래서 물질파 식을 만들고 물질도 파동과 물질
의 이중성을 가지고, 빛도 물질과 파동의 이중성을 가진다는 사실을
확인합니다. 여기까지가 고전 양자역학의 기초를 놓던 시기입니다.

　이후 하이젠베르크가 행렬역학으로, 슈뢰딩거가 슈뢰딩거방정
식으로 이들 연구 성과를 한데 모아 고전적인 양자역학 방정식을 만
들게 됩니다. 그리고 영국의 물리학자 디랙이 슈뢰딩거방정식에 특
수상대성이론을 고려한 디랙방정식을 만듭니다. 이들을 흔히 고전
양자역학이라고 부릅니다. 하지만 제2차 세계대전 이후 양자역학은
더욱 눈부시게 발전해 양성자나 중성자가 기본 입자가 아니라 그 아
래 쿼크라는 입자가 있다는 사실을 발견하게 되죠. 그리고 네 가지

의 근본 힘, 즉 중력에 의한 상호작용, 전자기력에 의한 상호작용, 강한 상호작용, 약한 상호작용에 대해 더욱 깊은 이해를 하게 되고 이를 발판 삼아 현재 파악된 모든 입자의 성질과 상호 관계를 정리한 표준 모형Standard model을 만들게 됩니다. 이를테면 현대 양자역학이 되는 셈이죠.

양자역학 역시 이렇게 이론적으로 설명하면 너무 어렵지만 사실 우리 실생활에 널리 쓰이고 있는 과학입니다. 휴대전화에 보면 AP라는 것이 있는데 어플리케이션 프로세스의 줄임말로, 컴퓨터의 중앙처리장치인 CPU와 비슷한 두뇌 역할을 하며 모든 명령을 처리합니다. 나노미터 단위인 이 AP 안에서 전자가 움직이면서 연산 처리를 하게 되는데 바로 여기에서 양자역학이 제대로 적용되지 않으면 명령이 제대로 수행되지 않게 됩니다. 그리고 식물들이 광합성을 할 때도 양자역학이 적용되고 우리 세포 안에서 미토콘드리아가 포도당을 분해해 ATP를 만드는 과정에서도 양자역학이 적용됩니다. 양자역학은 이제 물리학뿐만 아니라 양자화학, 양자생물학 등 과학과 기술 전반에 걸쳐 확장되고 있습니다. 이렇게 21세기는 양자역학과 상대성이론에 의해 움직인다고 해도 과언이 아닐 정도로 우리 생활 깊숙이 영향을 끼치고 있습니다.

9

20세기와
21세기

전쟁과
화학의 시대

　19세기 중반 1차 산업혁명이 종반에 다다르면서 서유럽 국가들은 근대적 국가의 모습을 완성합니다. 이 시기의 국가 형태를 이야기할 때 흔히 야경국가라는 말을 씁니다. 야경꾼이라는 말 들어보셨나요? 이 당시 야경꾼은 밤늦은 시간 거리를 순찰하는 이들을 일컫는 말입니다. 즉 이들이 도둑 잡고, 술 취한 사람 집으로 돌려보내고 하는 것처럼 국가는 대외적 방위와 국내 치안 유지, 사유 재산에 대한 침해의 제거 등 최소한의 임무만을 수행하고 나머지는 시장에 맡기는 형태를 야경국가라고 부릅니다. 그런데 문제는 이렇게 시장에 모든 것을 맡기다 보면 당연히 더 힘 있고, 권력 있는 사람들이 더 자유로워질 수밖에 없겠죠. 마치 지금 우리에게 세계 어디라도 갈 수 있는 자유가 있다고 한들 내 주머니가 텅 비어 있다면 어디도 갈 수 없는 것처럼, 아무런 규제가 없이는 당연히 더 많이 가진 사람이 더 많은 자유를 누리게 됩니다.

바로 이런 현상들이 사회 곳곳에서 발생합니다. 즉 누구나 회사를 차리고 공장을 짓고 물건을 팔 자유가 있지만 실제로 공장을 차리고 물건을 팔 수 있는 건 돈을 가진 사람들뿐이고, 누구나 해외에 나가서 물건을 사들여 와 팔 수 있지만 외국에 나가 물건을 사 올 수 있는 사람은 물건을 살 돈이 있는 사람, 배가 있는 사람들뿐이었습니다. 이렇게 돈만 있으면 무한한 자유를 누릴 수 있는 사회적 모순으로 인해 앞서 이야기한 아동노동 문제 등 심각한 사회 문제가 발생하게 됩니다. 노동자에게 지급되는 임금에 대한 규제가 없다 보니 임금은 계속 내려가고, 한 가정의 가장이 아무리 열심히 일을 해도 식구들을 먹여 살릴 수 없는 지경에 이르자 아직 학교에 다녀야 할 어린 자식들까지 돈을 벌기 위해 학교가 아닌 공장으로 내몰리게 된 것입니다. 당시 기업들은 누구나 고용할 수 있는 자유가 있었기 때문에 이렇게 어린아이들을 탄광에서 또 섬유 공장에서 싼 임금으로 고용해 열악한 환경에서 노동을 착취하기에 이릅니다. 하지만 국가는 아무런 제재도 하지 않았죠. 이런 문제들이 점차 쌓여 가면서 노동자들 사이에서 불만의 목소리가 터져 나오자 정부는 당시 식민지에서 착취한 부의 일부를 노동자들에게 나누며 불만을 잠재우려 합니다. 이 시기 서유럽을 중심으로 자본주의에 대한 비판이 일고 노동자들에 의한 사회주의 운동이 시작되었죠.

19세기 말에서 20세기 초 포드와 하버로 대표되는 새로운 근대적 산업이 시작됩니다. 포드는 지금 현재 전 세계 자동차 공장이 적용하고 있는 생산 모델을 만든 사람입니다. 지금은 전 세계적으로 다양한 자동차 회사들이 자동화된 방식으로 자동차를 생산하고 있지만, 20세기 초 이제 막 자동차가 만들어지기 시작할 때에는 약 스무 명의 사람들이 모여서 각기 부품들을 가지고 차 한 대를 조립했기 때문에 하루에 고작해야 5대 정도를 생산할 수 있었습니다. 그런데 이렇게 해서는 도저히 수요를 따라갈 수가 없자 포드는 공장 조립 시설에 컨베이어벨트를 깔고 자동차 공장을 이전의 10배로 키웁니다. 그리고 차 한 대를 만드는 데 400~500명이 달라붙게 만들죠. 그래서 한 명은 오른쪽 바퀴만 조이고, 한 명은 왼쪽 바퀴만 조이고, 한 명은 유리창만 끼우고, 또 한 명은 운전대만 끼우고, 이런 식으로 각자 자기 라인에 서서 하루 종일 맡은 일을 기계적으로 하다 보니 하루에 400대의 자동차를 생산할 수 있게 됩니다. 이전에 스무 명의 노동자가 하루 5대의 자동차를 만들던 것이 이제는 한 명의 노동자가 한 대의 자동차를 만들게 되면서 대량생산이 가능해진 것입니다. 그런데 바로 이러한 방식으로 인해 노동자의 가치는 점점 떨어지게 됩니다.

스무 명이 차 한 대를 만들 때는 각자 머릿속에 전체적인 자동차의 구조를 꿰고 있어야 했기 때문에 노동자의 기술이 높이 평가되었지만 이제 400명의 사람들이 차 한 대에 매달려 각자 자기가 맡은 일 외에 다른 일은 알 필요가 없게 되자 노동은 점점 단순화되고 누구든 그 자리를 쉽게 대체할 수 있게 된 것입니다. 그리고 이렇게 노동자의 가치가 떨어지면서 노동자에 대한 통제도 쉬워지게 됩니다. 한마디로 사업주가 아쉬울 게 없어진 거죠.

❖ ― 공장의 부품이 되어 버린 노동자를 풍자한 찰리 채플린의 영화 「모던 타임즈Modern Times」의 한 장면

　또 하나의 새로운 바람은 비료 산업의 변화입니다. 중세에서 근대로 넘어갈 때까지만 해도 비료가 제대로 공급되지 않았기 때문에 지력을 높이기 위해 한 해는 봄에 경작을 하고, 그다음 해에는 가을에 경작을 하고, 그다음 해는 쉬어 주는 식으로 농사를 지었는데, 19세기 초중반 남아메리카의 섬들에서 비료로 가치가 높은 구아노Guano, 즉 퇴적된 바닷새들의 배설물이 수입되면서 한 해에 두 번 이상의 경작이 가능해집니다. 이전에는 지력이 약해 경작이 불가능했던 땅도 이 비료만 뿌려 주면 곡식이 쑥쑥 자라기 시작했죠. 더 많은 농작물을 거둬들이게 된 농민들은 큰돈을 벌게 되었고, 비료를 수입

하는 이들도 그리고 당시 구아노를 주로 수출하던 페루도 큰돈을 벌었는데, 문제는 이 새똥에 있는 비료 성분이 질산염이라는 데 있었습니다. 무기를 만들 때 필수적으로 들어가는 화약에도 이 질산염 성분이 들어갔던 것이죠. 그러다 보니 이 구아노가 미친 듯이 팔리기 시작했고, 40년 정도가 지나자 남아메리카 바다의 섬에 있던 구아노가 바닥이 나게 됩니다. 그런데 식민지를 많이 가지고 있던 영국이나 프랑스에 비해 후발주자였던 독일은 이 구아노를 얻을 곳이 마땅치 않자 구아노를 대체할 성분을 찾기 위해 연구를 시작합니다.

그리고 독일의 화학자인 하버와 보슈가 질소와 수소로부터 암모니아를 대량으로 생산하는 하버-보슈법을 개발합니다. 이 하버-보슈법으로 인해 인공비료를 대량 생산할 수 있게 되었는데 이것을 녹색혁명이라 부릅니다. 그리고 이 인공비료가 전 세계로 공급되기 시작했습니다. 그와 더불어 화약도 더 많이 생산할 수 있게 되자 독일이 세계에서 처음으로 화학비료 공장을 짓는데, 연달아 프랑스와 영국 등도 공장을 짓기 시작하면서 이제 본격적으로 화학비료 공업이 자리를 잡게 됩니다. 그리고 그즈음 제1차 세계대전이 터집니다.

1914년 제1차 세계대전이 시작되면서 서유럽에 있는 모든 나라들이 전쟁에 휩쓸리게 됩니다. 대다수의 남자들이 군에 징집이 되었고 물자를 원활히 생산하기가 힘들어지자 식민지에서 물자를 생산하기 시작합니다. 세계대전의 주요 전장이었던 나라들을 제외한 곳에서 물자를 공급받기 시작하는데 그럼에도 전쟁을 치르기에는 물자가 부족한 상황이었습니다. 예를 들면 전쟁터에 필요한 장갑차나 물자 수송과 인력 수송용 트럭 등에는 당연히 바퀴가 필요한데 바퀴를 만들려면 고무가 필요하죠. 당시 고무를 생산할 수 있는 곳은 말레이시아, 인도네시아, 그다음 베트남 같은 동남아시아와 브라질 정도였습니다. 그런데 브라질은 당시 포르투갈의 식민지였다가 독립을 한 상태였고, 동남아시아는 네덜란드와 프랑스의 식민지였습니다. 따라서 독일 등은 고무를 수입할 방법이 없었죠. 그리고 미국과 프랑스 등도 끊임없이 소모되는 전쟁 통에 민간에서 사용할 고무가 동이 날 지경이었습니다. 그래서 고무를 대체할 것을 찾다가 석유로부터 고무를 생산하는 인조고무 산업이 발달하게 됩니다. 더불어 석유를 원료로 해서 여러 가지 화학 제품을 만드는 석유화학공업도 시작이 되죠. 바로 거기서 인조 섬유 개발도 이루어져 지금 우리가 많이 사용하는 나일론, 폴리에스터 등의 섬유도 개발이 됩니다. 이렇게 20세기를 만든 건 화학공업이었다 해도 과언이 아닐 겁니다. 그래서 20세기를 화학의 시대라고 부르기도 하죠.

제6의 멸종

제2차 세계대전이 끝난 뒤 전후 세계에서 가장 중요한 변화 중 하나는 러시아가 사회주의화된 것이었습니다. 제1차 세계대전 중이었던 1917년, 러시아에서는 혁명이 일어나 사회주의 정권이 처음 들어서게 됩니다. 제1차 세계대전과 제2차 세계대전 사이에는 러시아 말고 사회주의 국가는 없었습니다. 그런데 제2차 세계대전이 끝나자 중국, 북한, 몽고, 폴란드, 동독, 체코슬로바키아, 불가리아 등 30개국이 넘는 나라가 사회주의 국가가 됩니다. 그리고 식민지였던 나라들이 전부 다 독립해 다시 자기 나라를 만들죠. 당시 서유럽에서도 사회주의 운동이 활발해지기 시작했는데 앞서 이야기한 대로 모든 것을 자유로운 시장에 맡기는 야경국가였던 유럽의 나라들은 이러다 온 나라가 사회주의화될지도 모른다는 불안에 휩싸이게 됩니다.

그러면서 기업에 대한 규제가 생기고 노동자들에게 기본적인 복지 혜택을 나누기 시작합니다. 지금 우리가 누리는 국민연금이라든지 의료보험 등의 복지 제도가 본격적으로 도입되기 시작한 것이 바로 이 시기, 20세기 초에서 중반 무렵이었습니다. 그렇게 하지 않았다가는 이미 혁명을 일으킨 사회주의 국가들처럼 되어 버릴까 봐 국민들을 달래는 정책을 쓰기 시작한 것이죠. 이렇게 해서 서유럽을 중심으로 복지국가라는 개념이 탄생하게 됩니다. '요람에서 무덤까지'라는 말 들어보셨죠? 당시 영국에서 사회보장 제도 본연의 모습을 표현한 매우 강력한 표어였습니다. 태어나서부터 죽을 때까지 개인의 최소한의 복지를 국가가 책임진다는 뜻이죠.

그런가 하면 이 시기부터 본격적인 환경 오염도 시작됩니다. 당시의 대표적인 환경 오염 사례는 스모그를 들 수 있습니다. 스모그는 원래 스모크smoke와 포그fog의 합성어로 화학 스모그와 광 스모그, 두 종류가 있습니다. 지금 우리나라에서 문제가 되는 스모그는 대부분 광 스모그인데, 공장이나 가정에서 연료로 석탄이나 연탄을 주로 썼던 과거에는 화학 스모그의 피해가 훨씬 더 심각했습니다. 당시 가정의 난방 연료와 공장의 연료가 가장 값이 싼 석탄이었습니다. 석탄을 땔 때 나오는 가스 중 이산화탄소를 제외하고 가장 많은 성분이 이산화황인데 이 이산화황이 안개, 즉 수증기와 만나면 황산이 만들어지고 공기 중에 막 떠다니다가 우리가 호흡을 할 때마다 폐에 쌓여 결국 폐 질환에 걸리게 됩니다. 바로 이러한 문제들이 19세기 영국에서부터 시작해서 석유화학공업과 석탄 산업이 발달하기 시작한 전 세계로 퍼지게 됩니다. 당시 런던에서는 석탄을 주로 때는 겨울 동안 스모그로 인한 폐 질환으로 죽는 사람이 이삼천 명이나 나올 정도였으니 그 문제가 얼마나 심각했는지 짐작이 가능하죠.

또 다른 환경 오염의 주범으로는 디디티DDT를 꼽는데 디디티는 화학살충제의 일종으로 농업용 해충을 박멸하는 데 주로 쓰였습니다. 당시 시골 논밭에 엄청난 양이 뿌려졌죠. 그런데 문제는 이 디디티가 해충뿐 아니라 사람한테 필요한 이로운 곤충도 죽이고, 땅속에서 썩지도 않는다는 데 있었습니다. 땅에 묻힌 디디티를 식물의 뿌리가 흡수하고 그걸 먹는 동물도, 그리고 사람도 연쇄적으로 죽기 시작합니다. 바로 이러한 폐해에 관해 미국의 생물학자 레이첼 카슨은 『침묵의 봄』이라는 책을 통해 경고하기도 했습니다. 이러한 문제들로 인해 1970년대부터 디디티의 사용은 금지되었고, 우리나라에서도 1970년대 후반 사용이 금지되었습니다. 그런데 2017년 우리

나라에서 계란 파동이 있었던 것 기억하세요? 우리가 먹는 계란에서 바로 그 디디티가 검출되었던 사건이죠. 1970년대에 뿌렸던 디디티가 토양 속에 남아 있다가 이것이 사료 성분이 되고, 그 사료를 닭이 먹고, 그 닭이 살충제 성분이 섞인 알을 낳은 것입니다. 40년을 돌고 돌아 다시 우리에게 온 재앙이었죠.

다음으로 일본에서 처음 발병하여 이름 지어진 미나마타병, 즉 카드뮴 중독과 이타이이타이병, 즉 수은 중독입니다. 카드뮴과 수은 모두 화학 공장에서 배출되어 토양과 강물로 흘러들어가 인간에게까지 심각한 영향을 끼쳤는데 이타이이타이병의 경우 우리 몸에 흡수된 수은이 뼈를 약하게 해 조금만 건드려도 뼈가 부러지는 증상이 나타났고, 미나마타병의 경우 말초신경 장애, 언어 장애, 신장 장애 등이 나타나고 심하면 사망에 이르게 되는 병이었습니다. 이밖에도 프레온가스, 광 스모그, 이산화탄소 등으로 인한 지구온난화, 미세먼지로 인한 폐 질환 등의 문제들이 20세기 중후반을 거치면서 더욱 심각한 문제로 대두되기 시작합니다.

앞서 지구에는 5억 년에 걸쳐 다섯 번의 대멸종이 있었다고 이야기했습니다. 그런데 지금 우리 인류에 의해 제6의 멸종이 가까워지고 있는 게 아닌가 하는 우려의 목소리가 커지고 있습니다. 다양한 통계에 따르면 전 세계 멸종 위기종은 10년에 약 5%씩 늘어나고 있습니다. 50년 뒤에는 25%가 줄어들게 되는 셈이니 매우 심각한 일이 아닐 수 없습니다. 특히나 심각한 건 사라지는 겉씨식물과 속씨식물이 각각 47%, 71%에 달한다는 것입니다. 앞으로 20년 정도가 지나면 우리가 알고 있는 대부분의 식물들이 멸종할 위기에 놓이게 된다는 의미입니다. 식물이 멸종하면 당연히 그 식물을 먹고 사는 동물들도 함께 멸종하겠죠. 이런 식으로 멸종은 점점 가속화되고 있습니다. 문제는 이 멸종을 가속화시키는 게 바로 우리 인간이라는 사실입니다.

아프리카에는 사자보다 기린이 더 많습니다. 기린보다는 사슴과 영양이 더 많죠. 우리가 어렸을 때 배웠던 것처럼 생태계에 제일 많은 건 제일 아래 위치한 생산자이고, 생산자 바로 위에 1차 소비자가 그다음으로 많고, 그다음 2차 소비자, 3차 소비자, 최종 소비자의 수가 가장 적습니다. 그래야 생태계가 유지되기 때문입니다. 바로 이 생태계 안에서 최종 소비자 역할을 하는 것이 인간이고, 생태계가 원활하게 유지되려면 인간의 숫자가 적어야 하는데 지금 전 세계 인구가 70억 명이 훌쩍 넘어 80억을 향하고 있습니다. 역사상 이렇게 많은 개체 수를 가진 최종 소비자는 없었습니다. 최종 소비자의 수가 너무 많다 보니 아래 위치한 생물들이 견뎌낼 수가 없어 전체적으로 멸종의 단계를 밟게 되는 것입니다. 게다가 지금 현재의 멸종 속도가 앞선 오르도비스기, 페름기, 백악기 때보다 세 배 혹은 열 배쯤 빠르고, 21세기가 가기 전에 생물종의 80%가 사라질 거라고 경고하는 목소리도 점점 높아지고 있습니다.

과학이 행복을 만들 수 있을까

20세기 중반이 되면서 반도체와 트랜지스터라는 새로운 기술이 등장합니다. 반도체는 상온에서 전기 전도율이 도체와 절연체의 중간 정도인 물질을 말하는데 낮은 온도에서는 거의 전기가 통하지 않으나 높은 온도에서는 전기가 잘 통합니다. 대표적으로 탄소, 실리콘, 저마늄germanium 등이 있는데 이런 물질들은 어떤 때는 전기가 통하고 또 어떤 때는 전기가 통하지 않는 성질을 가지고 있어서 반도체라고 불리고 이 반도체를 이용해서 특정한 조건에서만 전기가 통하게 만든 것을 트랜지스터라고 합니다.

1947년 처음으로 트랜지스터가 개발된 후 지금 우리가 알고 있는 CPU라든가 메모리 등이 만들어진 게 1950년대에서 1960년대의 일입니다. 이러한 반도체 기술로 지금 우리가 사용하는 컴퓨터가 만들어지고 컴퓨터끼리의 연결, 즉 네트워크가 가능해집니다.

원래 컴퓨터의 어원은 '계산하는 사람'이라는 뜻입니다. 언젠가 「히든 피겨스Hidden Figures」라는 제목으로 영화화되기도 했는데, 1960년대 나사에서 아폴로 11호를 달에 보내는 프로젝트를 계획했을 당시 아직은 컴퓨터가 어려운 수학적 계산을 제대로 수행하지 못했기 때문에 싼 인건비로 여성 인력들을 고용해 뒤에서 어려운 일들을 맡아 처리하게 했습니다. 영화의 제목인 'Hidden Figures'는 숨은 그림 찾기라는 뜻인데 아마도 아폴로 11호 프로젝트 당시 대외적으로 보이는 이들, 즉 우주선에 탑승한 사람도 남자, 프로젝트를 발표하는 것도 남자였지만 실제로 숨어서 더 어려운 계산을 해낸 건 여자들이었다는 뜻을 내포하고 있는 것 같습니다. 그리고 이때 이 여자들을 컴퓨터라는 이름으로 불렀는데, 당시 천문대에서 천체를 사진기로 밤새도록 찍은 뒤 수천 장의 사진을 비교하며 별의 궤도가 어떻게 움직이는지 관찰하고 이 궤도를 계산하는 것 또한 컴퓨터라고 불리는 여자들의 몫이었습니다. 이렇게 19세기 말부터 20세기 초 미국과 유럽에서 컴퓨터라 불리던 여자들의 자리를 1950년대가 되면서 트랜지스터를 통한 진짜 컴퓨터가 대체하게 된 것입니다.

그리고 1970년대에 들어서면서 이 컴퓨터들이 연결되는데 이를 아르파넷ARPHA NET이라고 부릅니다. 미국과 러시아가 냉전 상황이었을 때 러시아의 공격에 의해 미국군의 중앙 컴퓨터가 멈춰 버리는 일을 막기 위해 미국 내 여러 지역에 백업을 위한 컴퓨터를 세팅하면서 네트워크로 묶은 것이 그 시작이었습니다. 이 과정에서 미국 군대와 함께 연구를 진행한 대학들도 하나의 네트워크로 묶였다가 차츰 대학들끼리의 망이 독립하게 됩니다. 이때부터 우리가 알고 있는 인터넷이라는 이름으로 불리게 됩니다. 원래 인터넷은 인터네트워크Internetwork의 약자로 네트워크끼리의 네트워크인 셈이죠. 그리고 1980년 초 이 인터넷과 월드와이드웹이 합쳐지면서 지금 우리가 사용하는 본격적인 인터넷이 시작되는데 현대 자본주의 사회의 산업적 변화의 중요한 변곡점이 됩니다. 로봇이 도입되면서 공장이 자동화되고 컴퓨터와 네트워크를 통해 사무자동화도 이루어지죠.

그리고 21세기가 되면서 이른바 4차 산업혁명이라는 말을 하게 되는데, 4차 산업혁명이라는 말은 전 세계적으로 사용되는 말은 아닙니다. 미국에서는 '스마트 팩토리', 즉 똑똑해지는 공장이라는 표현을 쓰는데, 커넥티드 팩토리라고도 이야기합니다. 즉 공장 안에 있는 여러 자동화 기계들을 네트워크로 연결하고 인공지능을 통해 효율적으로 다룰 수 있게 만들겠다는 게 미국의 목표죠. 그런가 하면 독일은 '인더스트리 4'라고 하는데, 우리말로 하면 공업화 4.0정도가 될 테고, 일본은 '슈퍼 스마트 소사이어티 5.0', 중국은 '중국제조 2025'라고 표현합니다.

미국, 독일, 일본, 그리고 우리나라가 이야기하는 4차 산업혁명의 핵심은 첫째, 인공지능입니다. 그리고 두 번째가 '초연결 사회'인데, AI 혼자서는 아무것도 할 수 없으니 AI와 나머지 모든 것들이 다 연결이 되어야 한다는 뜻입니다. AI와 로봇이 연결되고, AI와 자동차가 연결되고, AI와 우리 집에 있는 전등, 세탁기, 냉장고, 전기검침기, 수도검침기가 연결되고. 이를 흔히 '아이오티IoT : Internet of Things'라고 부르는데 우리말로는 사물인터넷이라고 합니다. 즉 이전까지는 사람들끼리만 컴퓨터나 스마트폰을 통해 서로 연결이 됐는데, 이제는 사물과도 연결을 할 수 있는 시대가 된 것입니다. 간단한 예로 집에 고양이를 키우는데 내가 출근을 하고 집에 아무도 없는 사이 불이 났다고 가정해 봅시다. 집에 달아 둔 CCTV가 인터넷으로 연결이 돼서 스마트폰으로 상황을 알게 되었는데 119에 신고를 하고 기다리다가는 너무 늦겠죠. 이럴 때 우리 집 대문과 인터넷이 연결되어 있다면 문을 열라는 내 명령에 문이 열리고 고양이가 도망칠 수 있을 겁니다. 이걸 더 발전시켜서 만약 내가 CCTV를 못 보고 불이 난 상황을 몰랐을 때도 나 대신 CCTV를 보고 있던 AI가 위험을 감지하고 문이 열리도록 명령을 한 뒤 고양이를 구할 수도 있겠죠. 이것이 바로 초연결 사회의 가장 기본적인 그림입니다.

텔레비전을 보다 보면 5G 시대 이야기가 많이 들립니다. 지금도 우리는 스마트폰을 사용하는 데 큰 불편이 없지만 사물인터넷을 위해서는 이 5G가 필요합니다. 앞서 이야기한 대로 머지않은 미래에는 사람과 사람 간의 연결뿐 아니라 CCTV와도 연결이 되어야 하고, 가스검침기, 수도검침기, 컴퓨터, 냉장고, 세탁기, 전자레인지 등 집안에 있는 수십, 수백 개의 기기들과 다 연결이 되어야 하니 지금 현재의 통로로는 불가능한 것입니다.

결과적으로 4차 산업혁명의 핵심은 인공지능과 그 동료들일 것입니다. 그런데 인공지능이 똑똑해지려면 데이터가 필요하죠. 그래서 흔히 빅데이터를 이야기하는데 빅데이터는 인공지능을 교육하고 개발하기 위한 재료일 뿐 빅데이터 자체가 커다란 의미를 갖는 것은 아닙니다. 이전에는 천 명의 사람이 달라붙어서 해야 할 일을 인공지능이 칩 하나로 해결할 수 있게 되면서 더 많은 빅데이터가 필요하게 된 것이죠. 바로 이 인공지능이 앞서 이야기한 로봇과 연결되고, 자동차와 연결되고, 우리 집의 세탁기, 냉장고와 연결되고, 공장의 모든 생산 라인과 연결되면서 우리의 미래를 바꾸게 되는 것입니다.

자, 이런 세상이 오면 우리는 지금보다 더 행복할까요? 우리가 지하철을 타고 목적지까지 가는데 그 지하철이 자율주행으로 운행

되는지, 승무원이 직접 운행을 하는지가 우리에게 중요할까요? 어느 쪽이든 더 안전하기만 하다면 우리에게는 큰 상관이 없습니다. 승무원을 줄여 인건비를 아낄 수 있다면 지하철 회사는 행복할 수 있겠죠. 거기에 더해 승무원을 줄임으로써 아낀 유지비로 지하철 요금을 내려 준다면 승객도 조금 행복해질 수 있을지 모릅니다. 그러나 그 과정에서 해고된 노동자를 생각하면 과연 정말 우리는 행복할 수 있을까요? 어쨌건 기술 혁신이 가져올 결과들이 인류 전체의 보편적인 삶의 질을 높이기 위해서는 어떤 노력을 해야 하는지 모두가 고민해야 할 문제입니다.

'이성으로 비관하고
의지로 낙관하라'

우리는 코로나19로 인한 새로운 상황들에 직면해 있습니다. 코로나19 이전의 일상으로 돌아가지 못하고 새로운 일상에 익숙해져야 한다는 뜻에서 흔히 '뉴노멀'이라는 표현을 쓰는데, 어쩌면 우리는 21세기 이전의 인류가 상상하지 못했던 몇 가지 심각한 문제에 부딪치면서 뉴노멀을 강요받고 있는지도 모릅니다.

먼저 코로나19와 같은 감염병의 유행이 시작과 동시에 전 세계로 확산되고 그 속도도 이전과 비교할 수 없이 빨라졌는데 여기에서 자유로운 나라는 어디에도 없습니다. 전 세계 인구가 70억을 훌쩍 넘었고, 사람과 물자가 국경을 매일 넘나드는 조건에서 어쩔 수 없는 일이죠. 더구나 원래 사람과 가깝게 살지 않았던 동물들에게까지 사람의 농경지와 목축을 위한 초지 그리고 살림집들이 다가가 이전에는 전파가 되지 않았던 인수공통전염병이 이전보다 자주 창궐할 수밖에 없는 조건을 갖추게 되었습니다. 이제 우리는 몇 년마다 되풀이되는 감염병의 공포와 공존해야 할지도 모르겠습니다.

또 기후 위기는 우리에게 탈성장에 대한 진지한 고민을 안겨 주고 있습니다. 철강, 시멘트, 석유화학, 플라스틱, 제지, 알루미늄 등 현대 산업사회의 기반이 되는 6대 산업이 전체 이산화탄소 발생량의 절반 이상을 내놓고 있습니다. 더구나 이산화탄소를 다량 발생시키는 목축업과 육식의 문제도 해결이 난감합니다. 중국과 인도 등 현재 맹렬한 속도로 경제가 성장하는 나라들은 그만큼 육류 소비도 많아지고, 기존에 이미 많은 육류를 소비하던 미국과 유럽 그리고 한국 등에서도 육류 소비는 감소할 생각을 하지 않습니다. 이미 목전에 다가온 기후 위기 앞에서 우리는 어떤 선택을 하게 될까요? 아니, 어떤 선택을 강요당하게 될까요?

흔히 말하는 4차 산업혁명도 우리에게 새로운 화두를 던지고 있습니다. 자율주행이 본격화되면 최소한 몇십만 명에 이르는 운수 노동자들이 직업을 잃게 될 것입니다. 인공지능의 도입과 더불어 사무직과 서비스직 또한 끊임없는 실직의 공포에 시달리고 있습니다. 공장자동화와 사무자동화를 통해 이미 '고용 없는 성장'의 시대를 거친 지 20년이 넘었지만 이제 그 심각성은 이전보다 더해질 전망입니다.

불평등의 심화 또한 21세기 인류가 맞닥뜨린 또 하나의 문제입니다. 금융자산에 의한 소득이 노동에 의한 소득을 앞지른 지는 한참 되었습니다. 그 결과 상위 1%와 조금 범위를 넓힌 상위 10%는 나머지 90%가 아무리 열심히 노동을 해도 따라잡을 수 없을 만큼 더 빠르게 재산을 축적하고 있습니다. 점점 더 벌어지는 빈부 차는 새로운 귀족층의 등장을 야기하고, 계층 상승의 사다리는 이미 치워진 지 오래돼 버렸죠.

이렇듯 해결이 난망한 전 세계적 차원의 문제들을 마주하며, 다만 제가 여러분께 전하고 싶은 이야기는 이탈리아의 사상가 안토니오 그람시가 했던 말의 한 구절입니다. "이성으로 비관하고 의지로 낙관하라." 아마도 이 말은 인류에게 주어진 이 난제들에 대한 해결 방안이 아무리 힘들고 회의적이어도 인류에게 희망이 있다고 억지로 낙관하자는 의미는 아닐 겁니다. 다만 개인으로서 인류 전체의 문제를 해결하지는 못하더라도 살아가는 동안 최소한 이 문제들에 대해 우리 각자가 해야 할 몫은 어떻게든 찾아내 보자는 뜻이 아닐까요?

우주와 지구, 생명과 인간의 긴 역사가 이 짧은 책 하나로 모두 살펴질 것이라고는 생각하지 않습니다. 다만 그 중요한 장면들 속에서 제가 전하고 싶었던 이야기를 나름대로 풀어 본 바, 그럼에도 미처 다 하지 못한 이야기들은 언젠가 더 좋은 기회에 세상에 내놓을 수 있으리라 기대합니다. 여기까지 읽어 주신 독자들께 깊은 감사의 인사를 건넵니다.

참고도서

『천문학 및 천체물리학』, Stephen A.Gregory, Michael Zelik 지음, 강혜성 외 옮김, Cengage Learning Korea.

『최초의 3분』, 스티븐 와인버그 지음, 신상진 옮김, 양문.

『보이드』, 프랭크 클로우스 지음, 이충환 옮김, MID.

『오리진』, 닐 디그래스 타이슨 외 지음, 곽영직 옮김, 지호.

『최초의 생명꼴, 세포』, 데이비드 디머 지음, 류운 옮김, 뿌리와이파리.

『진화의 키 산소 농도』, 피터 워드 지음, 김미선 옮김, 뿌리와이파리.

『미토콘드리아』, 닉 레인 지음, 김정은 옮김, 뿌리와이파리.

『생명 최초의 30억 년』, 앤드류 H. 놀 지음, 김명주 옮김, 뿌리와이파리.

『빅히스토리』, 데이비드 크리스천, 밥 베인 지음, 조지형 옮김, 해나무.

『거의 모든 것의 역사』, 빌 브라이슨 지음, 이덕환 옮김, 까치.

『지질학』, 정창희, 이용일, 김정률 지음, 박영사.

『판구조론』, 김경렬 지음, 생각의힘.

『내가 사랑한 지구』, 최덕근 지음, 휴머니스트.

『살아 있는 지구의 역사』, 리처드 포티 지음, 이한음 옮김, 까치.

『지구 이야기』, 로버트 M. 헤이즌 지음, 김미선 옮김, 뿌리와이파리.

『다시 보는 5만 년의 역사』, 타밈 안사리 지음, 박수철 옮김, 커넥팅.

『과학사신론』, 김영식, 임경순 지음, 다산출판사.

『모든 이의 과학사 강의』, 정인경 지음, 여문책.

『파란하늘 빨간지구』, 조천호 지음, 동아시아.

『인류의 기원』, 이상희, 윤신영 지음, 사이언스북스.

졸저

『4차 산업혁명이 막막한 당신에게』, 뿌리와이파리.

『1.5도, 생존을 위한 멈춤』, 뿌리와이파리.

『멸종 : 생명진화의 끝과 시작』, MID.

『모든 진화는 공진화다』, MID.

『나의 첫 번째 과학 공부』, 행성B.

The Cosmic Calendar

The 13.8 billion year history of the universe scaled down to a single year, where the Big Bang is January 1st at midnight, and right now is midnight 1 year later

Known from telescopes looking back in time, physical models

January	February	March	April	May	June	July	August	September	October	November	December
The Big Bang, Stars First Appear				Thin Disk of the Milky Way				The Solar System, Life	Oxygen from Photosynthesis	Eukaryotic Cells	Multicellular Life

Known from geologic record, fossils, genetic drift

The Month of December...

1	2	3	4	5	6	7	8	9	10	11	12	13	14
15 Trace Fossils Only		16		17 Bones and Shells		18 Vertebrates		19 Land Plants		20 Fish with Jaws		21 Insects	
22 Amphibians		23 Reptiles		24 Pangaea Forms		25 Dinosaurs		26 Mammals		27 Birds		28 Flowers	
29 Tyrannosaurids		30 Dinosaurs Extinct, Mammals Take Over on Land and in Sea				31 The Final Day...							

31 The Final Day...

Dawn: Apes and Monkeys Split

8 PM: Humans and Chimpanzees Split

9:25: Humans First Walk Upright

10:30: Human Brain Size Begins Tripling

11:52: Modern Humans Evolve

11:56 to 11:59: Human Migration

A human life only lasts for the blink of an eye on the Cosmic Calendar: 100 years * 365 * 24 * 60 * 60 / 13,800,000,000 = 0.23 Cosmic Seconds

0	5	10	15	20	25	30	35	40	45	50	55	60

Columbus Arrives in America (1.2 Seconds Ago)

Christ Born — Mohammed Born

Old Testament, Buddha

Dynastic China Begins

Agriculture Leads to Permanent Settlements

Written records

The Final Minute...

End of Last Ice Age, Sea Level 400 Feet Lower Than Now

Known from artifacts, radiocarbon dating, DNA extraction from remains

세계사,
최대한 쉽게 설명해 드립니다

세계사의 흐름을 머릿속에
저절로 그릴 수 있게 하는
독일의 국민역사책

정치,
최대한 쉽게 설명해 드립니다

자유로운 개인들의
사회적 연대를 위한
정치 교과서

종교,
최대한 쉽게 설명해 드립니다

문학·역사·철학·과학의
시각으로 들여다보는
세상의 모든 종교

국립중앙도서관 서명전문가 추천도서

철학,
최대한 쉽게 설명해 드립니다

스스로 생각하는
힘을 키워 주는
철학 교양서

전쟁과
평화의 역사,
최대한 쉽게 설명해 드립니다

전쟁의 역사에서 찾아내는
평화의 비밀

전국역사교사모임 추천도서

그리스 로마 신화,
최대한 쉽게 설명해 드립니다

그리스 로마 신화의
맥을 잡아 주는
50가지 재미있는 강의

윤리,
최대한 쉽게 설명해 드립니다

전 세계 30개 국
100만 청소년들의
윤리 교과서

행복의 공식,
최대한 쉽게 설명해 드립니다

전 세계 언론이 격찬한
행복 사용설명서